DANS LA VALLÉE D'AOSTE

MANUEL DU TOURISTE

PAR GIUSEPPE CORONA

MILANO - Tip. LOMBARDI

VALTOURNANCHE

G. CORONA

DANS LA VALLÉE D'AOSTE

Manuel du Touriste

MILAN

IMPRIMERIE A. LOMBARDI

1882

INDEX

—

Page

Au lecteur 1

En roùte 2

Régles générales pour le guides et le porteurs 3

1. Station de Gressoney St. Jean 5

2. " de Chatillon 19

3. " de Valtournanche 33

4. " du Giomein au Breil 47

5. " d'Aoste 63

6. " de Cogne 83

7. " de Courmayeur 117

8. Excursions et ascensions depuis Pré St. Didier . . . 143

Tables pratiques 149

AU LECTEUR

CHER AMI

Deux mots seulement.

Voici la deuxième édition de mon **Manuel.** *Je te la presente sans façon, à la montagnarde, et je te prie de l'agréer.*

Des vides et des erreurs il y en a encore.... le temps et son concours peuvent les remplir et le corriger.

Aide-moi donc et " excelsior ! „

BIELLA, 24 Août 1882

G. CORONA.

EN ROUTE

On arrive à Ivrée de Turin ou de Milan par la chemin de fer qui en 1885, continuera, jusqu'à Aoste.

Deux diligences par jour l'une vers midi, l'autre vers minuit. Voitures aux hôtels de l'*Universo, Croce Bianca, Corona grossa, Monte Bianco,* de l'*Aquila* et à l' « **Impresa Borgo** » (service de luxe). S'adresser aussi à Mr. Garda Federico. Le diligences partent à 11 h. du matin et à 11 h. du soir en coincidence avec le trains. Le **prix** de voitures se basent sur un tarif par de 10 fr. par jours pour un cheval et de 20 fr. pour deux chevaux.

PRIX

Pour **St-Vincent** — (eaux minérales et établissement hydrothérapique et maison de santé **Negri**).

Diligence, coupé et impériale L. 6 25, intérieur L. 5 25.

NB. Le touriste qui veut visiter l'intéressante Vallée de Gressoney (V. page 5) prend la diligence ou une voiture pour **Pont St-Martin** (diligence L. 2).

P. **Chatillon** (pour les stations alpines de Chatillon (V. page 19) de Valtournanche (V. page 35) et du Giomein au Breil (V. page 47). Diligence et voitures, mêmes prix que pour St-Vincent.

P. **Aoste** (pour les stations d'Aoste V. page 65) et de Cogne (V. page 85). Diligence, coupé et impériale L. 8 75, intérieur L. 7 50.

Pour les courses d'**Aoste:** au **Gd. St-Bernard** et en **Valpelline** (V. page 75 et 82); dans la **Vallée de Cogne** (V. page 85); à **Pré St-Didier, Vallée de la Thuile** et **Petit St-Bernard** (V. page 143) et à **Courmayeur** (V. page 117).

RÉGLES GÉNÉRALES
pour les guides et les porteurs

Les tarifs sont fixés sur la base de 8 frs. par jour au Guide et de 6 au porteur pour les courses ordinaires. Pour les courses ordinaires de glacier on donne 10 f. au guide et 8 au porteur. Pour les courses à dos de mulet, 12 f. par jour.

Le porteur se charge, pour les *courses ordinaires* de 25 Kg.; pour les *courses extraordinaires*, le poids est réglé par le guide chef de la caravane. Sur le *mulet* on peut charger de 5 à 10 Kg. en plus de la personne.

Les tarifs pour les courses qui ne sont pas indiquées et surtout pour les ascensions de glacier, forment, chaque fois, l'objet de conventions spéciales.

Note pour les Horaires.

Pour les ascensions et les excursions, on indique le temps employé dans l'allée et le retour, pour les passages, le temps de la traversée. Le temps est réglé sur la moyenne entre un grand marcheur et un modeste piéton.

I.

STATION

DE

GRESSONEY ST. JEAN

Hôtel du Mont Rose

(m. 1441)

TENU PAR MR. SÉBASTIEN LINTY

Chambres depuis 1 Fr. à 2,50 par jour. — Diners de 3 Fr. à 4. Pension et logement 8 Fr. par jour. — Pour le service 50 Centimes en plus.

PENSION DELAPIERRE

Les prix y sont aussi modérés.

EXCURSIONS, PASSAGES **Ascensions** INDICATION DE LA COURSE	Combien dure la course en heures	Hauteur en mètres	Tarifs GUIDES allée ou retour		Tarifs GUIDES avec mulet allée ou retour		PORTEURS	OBSERVATIONS ET INDICATIONS
			allée ou retour	allée et retour	allée ou retour	allée et retour		
Gressoney St. Jean 846 hab. à 26 km. 100 m. depuis Pont St-Martin . .		1441						Une des plus belles et des plus agréables stations alpines dans la Vallée d'Aoste. Situé au milieu d'une charmante prairie, avec ses maisons et ses châlets blancs, clair-semés au milieu du plus beau vert et respirant partout l'aisance des habitants, son langage allemand, le costume rouge écarlate des femmes et le grand glacier du Lyskamm en face, Gressoney présente un des plus riants et des plus sublimes tableaux des Alpes. Les hommes de Gressoney émigrent chaque année ou en Allemagne ou en Suisse; mais il reviennent toujours passer quelques mois au milieu de leurs familles.
COLS								
de la Ranzola	8	2242	6	12	12	12	6	pour Brusson, bon hôtel du *Lion d'Or*, et ensuite à St-Vincent par le Col de Joux — Belle vue sur la Vallée — ou à Verrés en descendant la Vallée de l'Evençon, ou à Ayas en la remontant.
de la grande Mologna	7,30		6	12	12	24	6	pour Piedicavallo dans le Biellese — Du col en 45 min., on fait l'ascension, allée et retour, de la Punta dei Tre Vescovi. La section de Biella du C. A. I. a fait construire une route muletière fort commode, à travers la montagne. Les habitants de la Vallée de Niel le traversent, même en hiver, pour aller au marché d'Andorno.
de la Mologna piccola	6		6	12	24	24	5	pour Piedicavallo dans le Val d'Andorno. Le mulet va jusqu'à l'*Alp Piquier*. Il est moins intéressant et plus fatigant que la *Mologna Grande*. On passe par *Trina, Gaby* et l'on descend dans la Vallée d'Andorno par l'*Alp'nval*.
de Valdobbia.	7	2548	6	12	12	24	6	pour *Riva* et *Alagna* — Sur le col il y a un hospice fondé par le Chanoine Sottile et habité toute l'année. - En 1871 on y a établi un observatoire *météorologique* par les soins de la Section de Varallo du C. A. I. On descend du Col à Riva en 3 heures assez commodément.

EXCURSIONS, PASSAGES **Ascensions** INDICATION DE LA COURSE	Combien dure la course en heures	Hauteur en mètres	Tarifs — Guides: allée ou retour	Tarifs — Guides: allée et retour	Tarifs — Guides avec mulet: allée ou retour	Tarifs — Guides avec mulet: allée et retour	PORTEURS	OBSERVATIONS ET INDICATIONS
COLS (suite)								
du Pinto ou Pinter .	5	2490	6	12	12	24	6	pour *Ayas*. Faitez-vous racconter la tradition qu'on attache au *Kalberhorn (corne du veau)* qui est à gauche de la route qui va au Col. Du haut du Col belle vue sur le Mont Blanc. En deux heures du Col on peut faire l'ascension du *Grauhaupt* (tête grise) appelé à Ayas *Greno*. La Section d'Aoste du C. A. I. va y établir une cabane.
de Betta Furca	6	2655	6	12	12	24	6	pour *Saint-Jacques d'Ayas* - On passe par Gressoney. La Trinité (1 h. 30 m.) — Au dessus de la forêt il y a une chapelle d'où l'on jouit d'une vue splendide sur les glaciers du Mont Rose et sur la Vallée. Une fois à Résy, en 30 min. on est à Fiéry à l'*Hôtel des Cimes blanches*.
de Bettolina	8	2900	6	12				c'est une espèce de succursale, au nord, de la Betta Furca. On monte jusqu'au châlet de *la Cour du Lys* et on descend sur Fiéry par la *Combe de Verraz*. Il est plus long, mais beaucoup plus intéressant que l'autre.
du Rothorn (V. page 12)	7		6	12				pour *Ayas*. De la chapelle de Sainte-Anne, au fond des châlets de Betta, on prend à gauche. En cinq heures et demie de Gressoney, on peut faire l'ascension du Rothorn. On descend sur les châlets du Frachey d'où l'on rejoint la route d'Ayas.
d'Ollen (Auberge) . . .	8	2885	6	12	12	24	6	pour *Alagna*. A la Trinité, (Oursia) un peu après avoir depassé le petit et excellent hôtel de Squinobald, on voit indiquée la route. - On passe par l'*Alp du Gabiet*, et on se tient toujours à droite jusqu'au Col qui est entre le corno del Camoscio (*Gemstein*) et le corno Rosso. En demi heure on fait l'ascension du premier. — On descend à l'*Alp Laglietto* (1 h. 45 min.) et à Alagna (1 h. 15 min.) Sur le sommet du col on trouve les ruines d'une ancienne barrière. Mr. Gnifetti l'attribue à une séparation faite en temps de pestilence.
NB. Pour le Col et retour à Alagna le même jour, guide, 6 fr.								

EXCURSIONS, PASSAGES **Ascensions** INDICATION DE LA COURSE	Combien dure la course en heures	Hauteur en mètres	Tarifs: Guides, allée ou retour	Tarifs: Guides, allée et retour	Tarifs: Guides avec mulet, allée ou retour	Tarifs: Guides avec mulet, allée et retour	PORTEURS	OBSERVATIONS ET INDICATIONS
COLS (suite) **du Suber**	7		6	12				pour *Alagna* — au lac du Gabiet. Le col est sur l'arête. On descend dans le bras nord du val d'Otro.
de l' Uomo Storto. . .	7		6	12				pour *Alagna*. Plus élevé que celui du *Suber* mais un peu plus court — On descend dans la branche sud du Val d'Otro.
du Rizzolo								pour *Alagna*, entre le Corno Bianco et la Valdobbia. Depuis l'*Alp de Rizzolo* on peut faire l'ascension du *Corno Bianco* en trois heures.
de Loo								pour *Alagna*. Suivre la route du *Col de la Mologna* jusqu'au *plan de Loo*. De là, par le petit col marqué par une croix, on descend à Rassa.
delle Piscie.		3162						pour *Alagna*. Au nord du col d'Ollen. Il s'ouvre entre les glaciers d'Indren et d'Embours. Sur le col, les frères Schlaginweit, ont fait, en 1851, des observations scientifiques pendant 14 jours. En quittant à droite le *Corno del Camoscio*, on descend à l'*Alpe delle Pile* et on rejoint le sentier du col d'Ollen — Du *Col delle Piscie* on peut faire l'ascension de la Zumsteinspitze, de la Ludwig's Hohe, de la Vincent-Pyramide et de la Signal-kuppe.
du Lys, **Lysjoch** ou **Silberpass**	14	4344	20	40			25	pour *Zermatt*. Le plus élevé des Alpes. Il s'ouvre à l'ouest de la *Vincent Piramide* et entre la *Parrot's Spitze* et la *Ludwigs Hohe*. Vue très-étendue. Il n'offre pas de difficultés sérieuses. On passe par la Cabane Linty et on descend à l'hôtel du Riffel sur Zermatt.
du Zwillingsjoch . . .	14		25	50			20	pour *Zermatt*. Par la moraine du glacier du Lyskamm, par le glacier de Félix, en se tenant à gauche, on arrive au col. Vue splendide. — Descente par le glacier des Jumeaux au Riffel.
Cols Betta Furka . . **Cimes Blanches** et **St. Théodule**	20	3322	30				25	pour *Zermatt*. La première nuit, on peut la passer aux *chalets d'Arentina* sur Fiery. On y est *assez* bien.

Excursions, passages **Ascensions** Indication de la course	Combien dure la course en heures	Hauteur en mètres	Tarifs — Guides: allée ou retour	Tarifs — Guides: allée et retour	Tarifs — Guides avec mulet: allée ou retour	Tarifs — Guides avec mulet: allée et retour	Porteurs	Observations et Indications
EXCURSIONS								
Gressoney La Trinité	1,30	1633						On sort au nord au milieu de belles prairies. Vue imposante des glaciers du Lyskamm et de la plaine de Gressoney fermée par le Mont-Neri. A la Trinité, M. Tedhy ancien proprietaire de la *Cantine*, a fait construire un petit hôtel *Pension Thedy* qui est un vrai model d'hôtel de montagne par sa proprieté, sa bonne tenue et la distribution confortable des appartements.
Châlet de la Cour du Lys	3	2046		6		12	4	Excursions bien recommandable à ceux qui veulent se faire une idée du grand glacier qui descend du Lyskamm. Du châlet on peut faire l'ascension du Nez (*die Nase*), du Telchenhorn, du Hohes Licht, etc.
Traversée du Grand Plateau	6	2600		6		12	4	
Chatellas	½	1383		1			1	Vue de la vallée.
Cabane Linty sur le *Hohes Licht*	6	3346	8				3	Construite en bois, au pied du glacier, par Mr Sébastien Linty et inaugurée le 2 Août 1875. Elle mesure deux mètres de longueur sur deux mètres et demi de largeur. Elle facilite le passage du col du Lyskamm, l'ascension de la Vincent Pyramide et de tous les pics du Mont-Rosa. Elle est fermée. On tient les clés, à Alagna à l'hôtel Guglielmina, à Zermatt à l'hôtel du Riffel, à Gressoney à l'hôtel du Mont-Rose. On passe par l'*Alp du Gabiet*. La cabane est signalée par une enorme ardoise sur laquelle sont dessinées les armoiries du C. A. I.
Pont St. Martin, en descendant la Vallée . . .	6	335			12	24	10	La route est toute muletière — Comme chariotable elle est *obligatoire* jusqu'à présent, seulement à l'état de projet (!)

EXCURSIONS, PASSAGES **Ascensions** INDICATION DE LA COURSE	Combien dure la course en heures	Hauteur en mètres	Tarifs — Guides: allée ou retour	Tarifs — Guides: allée et retour	Tarifs — Guides avec mulet: allée ou retour	Tarifs — Guides avec mulet: allée et retour	PORTEURS	OBSERVATIONS ET INDICATIONS
ASCENSIONS								
Mont Néry	8	3400		8			5	On y va plus directement d'Issime, comme nous l'avons déjà observé. Mont-Néry (Néristhorn, pic de Marie ou Marienhorn, Bec de Fruidière ou pointe de Tsamsec) c'est selon, Mrs. Gorret et Bich, un des plus beaux belvédères des Alpes Valdôtaines. L'ascension ne présente aucune difficulté.
Becca Torché ou **Vla** ou **Voghel**	8	3150		8			5	Par Issime, la route est plus directe. On prend par le vallon de St-Grat et par le col de Dondeuil duquel on peut descendre à Verrès en trois heures en passant par Challant St-Victor. Du sommet, superbe panorama. Du *Col Dondeuil* on peut faire aussi l'ascension du *Bec des Allemands*.
Punta dei Tre Vescovi	6			6			4	Ainsi nommée à cause que sa pointe marque la limite des trois évêchés de Biella, d'Aoste et de Vercelli. Pas difficile du tout. — Le panorama est grandiose. Au nord on a le Mont Néry (Bec de Fruidière) et la Becca Torché, devant, les noires aiguilles du Macagno, sous les pieds, le Loozonei, les petits lacs qui forment la Sorba, à droite, la belle cime du Bo. (m. 2600)
Weisborn ou **Corne Blanche**	7	3485		8			6	Vue sur les glaciers du Mont-Rose.
Graubaupt ou **Tête Grise** ou **Tête** de **Gréno**	7,30	3564		8			5	Du col du Pinter, en prenant à droite par l'arête, on y est en deux heures. Sur un plateau on trouve ordinairement de la neige. Pas de difficultés. Surtout le matin, il n'est pas rare de s'y rencontrer avec des chamois. Le panorama est immense : il y a des plantes rares. Un bon alpiniste peut descendre directement par le versant de Gressoney dit *Scheibetcberg*, et de là, à *La Trinité* par l'*Houndstreet* (route de chien) : où l'on revient à la chapelle d'Albenson. La Section d'Aoste du C. A. I. se propose d'y établir une cabane.

Excursions, passages **Ascensions** Indication de la course	Combien dure la course en heures	Hauteur en mètres	Tarifs — Guides: allée ou retour	Tarifs — Guides: allée et retour	Tarifs — Guides avec mulet: allée ou retour	Tarifs — Guides avec mulet: allée et retour	Porteurs	Observations et Indications
ASCENSIONS (suite)								
Rothorn ou **Corne Rouge**	6	2720		6			5	Il est au sud des châlets de Betta et forme partie de la chaine qui commence au midi du Rosa et divise les vallées d'Ayas et Valleise et termine entre Pont-St-Martin, Donnas et Bard. Mr. De Saussure y est monté pour faire ses observations scientifiques. — Le Grauhaupt est un peu au Sud du Rothorn. Vue magnifique sur la chaine du Mont-Rose par dessus le Bettinerhorn. (Voir *Col du Rothorn*).
Zumstein's-spitze. .	10	4560		25			15	Mr. Zumstein, et Mr. Vincent, tentèrent en 1819, 1820 et 1821 l'ascension du Mont-Rose. Ils ne réussirent qu'à gravir la troisième pointe en hauteur, à la quelle fut donné le nom de *Zumstein Spitze* à cause que Mr. Zumstein l'a montée plusieurs fois et a élevé sur elle une croix en fer. On peut faire cette ascension, ainsi que celles de la Vincent-pyramide, de la Ludwig's Hohe et de la Signal Kuppe, depuis le col delle Piscie.
Vincent Pyramide .	9	4224		20			12	En l'honneur de Mr. Vincent qui la gravit le premier en 1819. C'est Mr. de Welden qui l'a ainsi baptisée. — Elle limite la chaine du Mont-Rose qui va de l'O. à l'E. et qui comprend quatre sommets, sur une étendue de 15,275 mèt. Les sommets de la Zumstein Spitze et de la Vincent pyramide appartiennent à l'Italie. Les autres deux : la Hœchstespitze et le Nordende sont situés en Suisse.

GUIDES.

Les propriétaires des hôtels du *Mont-Rose* et *Pension Delapierre* peuvent vous indiquer plusieurs guides et porteurs. La Section de Biella du C. A. I., avec station à l'hôtel du *Mont-Rose* a approuvé jusqu'à présent, avec livret-certificats et insignes clubistiques en noir, trois guides dont un est mort. Restent Vicaire et Gignous. Pourtant les meilleurs sont Cugnod Jean et Leo Jean Welf, lesquels ont déjà traversé plusieurs fois le glacier par le col du Lys et par le Zwllingspas (Col des Jumeaux) et ont réussi à faire l'ascension de la Zumsteinspitze et de la Signalkuppe. Ils sont très robustes et à la fleur de l'âge, entre 30 et 36 ans. A Biella nous avons un bon guide pour le Val de Gressoney dans Antonio Buscaglia, ouvrier dans le *lanificio Sella*, qui a, lui aussi, le livret et les insignes.

II.

STATION
DE
CHATILLON

Hôtel de Londres

(m. 555)

tenu par PHILIBERT GERVASON

Chambres de 1 f. 50 à 2 f. 50.

Diners à prix fix depuis 3 f. 50 à 5 f. - Déjeuner à la fourchette 2 f. 50.

TARIFS POUR LES VOITURES

De Chatillon	à Aoste	à 2 ch.	L. 25
		1 "	" 15
"	à Ivrée	à 2 "	" 40
		1 "	" 25
"	à Valtournanche . .	à 1 "	" 20
		allé et retour	" 25
"	à Pont St. Martin. .	à 2 ch.	" 25
		1 "	" 15
"	à Fénis	à 2 "	" 15
		1 "	" 10
"	à St. Vincent	à 2 "	" 5
		1 "	" 3
"	Verrés.	à 2 "	" 15
		1 "	" 10

NB. Mr. **Moitre** tient aussi des voitures pour les environs.

Excursions, passages **Ascensions** Indication de la course	Combien dure la course en heures	Hauteur en mètres	**Tarifs** — Guides — allée ou retour	allée et retour	Guides avec mulet — allée ou retour	allée et retour	Porteurs	Observations et Indications
Châtillon Chef lieu de mandement. Centre des excursions de Valtournanche, au Mont Cervin et au Mont Rose. De Chatillon l'on arrive au Grand Établissement de Mr Negri (bien recommandable), aprés un agréable promenade de 10 minutes. A *St-Vincent* il y a le bureau du télégraphe.								Compte 3000 habitants. Les principaux Bureaux sont la Poste, le Douane, la Préture, l'Enregistrement, et l'Agence des Taxes. On y trouve une excellente pharmacie pourvue de tout ce qu'il faut pour les touristes. Il y a un observatoire météorologique dû à l'initiative de Mr. le Chev. Martelli du C. A. I. Qui veut se procurer un souvenir de Châtillon doit visiter le laboratoire d'objets en bois sculpté des frères Mus. Les alpinistes peuvent se procurer de bons *alpenstocks* et des hâches pour la glace chez Mr. Pierre Gianoli. — Le pont de pierre, d'une seule arche, qui passe à une hauteur considérable sur les eaux blanchâtres du torrent *Marmoire*, offre un magnifique coup d'œil. Du milieu de ce pont, ce qui frappe de prime abord la vue, c'est un autre pont construit, dit-on, par les Romains, situé à quelques mètres seulement sur les eaux bruyantes, de ce torrent. Sur l'autre rivage de la Doire, et sur un sommet d'un côteau escarpé s'élèvent les ruines imposantes du *Château d'Usset*. — Mérite aussi d'être visitée, *l'Eglise paroissiale*, située à trente mètres de hauteur du pont. — De *Châtillon* dans une demi heure, on arrive à *Saint Vincent*, village agréable et très-salubre célèbre par ses eaux *ferrugineuses-salines*.
Excursions a Est. vers la *Valleise*								
Amay près le Col de *Jous*	2.50	1490	3	6	8	10	4	vue du *Mont Blanc*. Panorama grandiose. (Cantine).
Col de Joux par *Moron* et *Amay*	3,20	1520	4	6	8	10	4	il y a à *Moron* une des plus anciennes églises de la Vallée où les habitants de *Valtournanche*, malgré la distance, venaient entendre la Messe. Voir: *Le Contrabbandiere*, dans le volume « Aria di monti » de G. Corona.
Ayas dans la *Vallée de Challand* - Magnifique Eglise - Singulier costume des femmes - Patois curieux	3		3	8	10	13	4	les habitants tiennent beaucoup des mœurs, de la langue et du caractère des Allemands. Selon une tradition, la vallée et le village s'étendaient jusque sur le glacier de Verraz.

Excursions, passages **Ascensions** Indication de la course	Combien dure la course en heures	Hauteur en mètres	Tarifs — Guides — allée ou retour	Guides — allée et retour	Guides avec mulet — allée ou retour	Guides avec mulet — allée et retour	Porteurs	Observations et Indications
St. Jacques *d'Ayas* Village dépendants de *Ayas*. à 3 h. de Brusson (Auberge)	7	1631	3	6	10	20	4	on peut aller à Saint-Jacques d'Ayas, en passant par Verrès, Challand Saint-Victor, Challand Saint-Anselme, Brusson et Extroupira. Cette course dure 8 heures. Excursions au glacier de *Verraz* (8 heures).
Fléry sur saint Jacques d'Ayas.	8,15	1680	6	12	12	20	3	domine une grande partie de la Vallée de Challand. Bon hôtel de construction Suisse. En quatre heures par le Col des *Cimes blanches* on va à Valtournanche, et dans cinq à Gressoney la Trinité par Betta-Furka.
Brusson. Chef-lieu de commune, situé presque au milieu de la Vallée de *Challand*. 3 h. 30 m. d. Verrès. (Hôtel)	4	1378	4	6	8	10	4	*hôtel du Lion d'Or*. De *Chatillon à Brusson* par *St. Vincent et le Col de Joux* 4 h. Au pied du *Mont Néry*. Position magnifique. Excursions au Château des Graines, aux lacs de Bringuez, Palasina et de Fruidière etc.
Gressoney St-Jean de *Brusson* au Col de la *Ranzola*.	6	1420	6	12	12	24	3	de *Brusson* à *Gressoney*, par *St. Gral* et le *Col de la Ranzola*, 6 heures. A *Gressoney St. Jean*, Hôtel de Mr. Linty Sébastien. *Station Alpine* de la *Section de Bielle* du C. A. I.
Emarèse - petite Commune, qui domine une grande partie de la Vallée - on y trouve une grotte naturelle avec un glacier perpétuel très-curieux — ruines anciennes	3	1047		3		6	2	la course à *Emarèse* est spécialement recommandée. Il n'y a pas longtemps, on y découvrit de l'*amiante* en grande quantité. Le Directeur de l'exploitation Mr. *Antoin Re*, satisfait abondamment la curiosité des voyageurs. La *borna* de la glace est sur Eresa (1170 m.).
Sommarèse — Village d'Emarèse.	6	1335		3		6	2	*carrières d'Amiante*. Pour y arriver on passe par *Chassan* (1338 m.).
Lac de Ville — par St Germain, Siseran et Petit Rouet - beau coup-d'œil.	7			3			2	en passant par *St. Germain*, on rencontre divers châteaux en ruine.

EXCURSIONS, PASSAGES **Ascensions** INDICATION DE LA COURSE	Combien dure la course en heures	Hauteur *en mètres*	Tarifs GUIDES allée ou retour		GUIDES avec mulet allée ou retour		PORTEURS	OBSERVATIONS ET INDICATIONS
			allée ou retour	allée et retour	allée ou retour	allée et retour		
Challand St. Victor	7			6		8	3	par le lac de Ville dans une demi heure environ, on découvre une magnifique cascade, celle du torrent Evençon. Cette cascade est une des plus belles de la vallée.
Montjovet.	4			5				par le *Pont des Chèvres*, à droite de la Doire, sentier pittoresque. Ce pont est situé sur la Doire entre deux écueils.
ASCENSIONS								
Mont Zerbion. - Pointe dominante St. Vincent	9	2744		6		12		coup d'œil magnifique sur trois Vallées. On y monte en 3 h. La cime du *Zerbion* est entre *St-Vincent, Chatillon* et *Ayas*. Point trigonométrique. L'ascension est très-facile et peu pénible. La vue compense d'ailleurs la fatigue. Durant le mois d'Aôut on trouve tout près de la cime de très beaux *gnaphalium leontopodium (edelweis)*.
Zerbion et descente sur Ayas.	12	2744		6		12	4	Cette ascension et excursion ne présente aucune difficulté et donne de grandes satisfactions.
Becca Torché. . . .	12	2520		12		12	6	par Emarèse, Challand, et Chalet Castro on y arrive au bout de 8 heures 30 m. Coup d'œil immense. — Aucune difficulté. Il est préférable de descendre à *Challand* (3 h. 30 m.) (Restaurant avec logement); ou à *Brusson* (4 h. 30 m.) Hôtel. Le mulet peut aller jusqu'au *Chalet Castro*.
Mont Aü (*Avi*)	12			12			6	
Mont Giron.	12			12			6	

Excursions, passages **Ascensions** Indication de la course	Combien dure la course en heures	Hauteur en mètres	Tarifs — Guides — allée ou retour	allée et retour	Guides avec mulet — allée ou retour	allée et retour	Porteurs	Observations et Indications
ESCURSIONS AU SUD								
Château d'Ussel, du Pont des Chèvres vers St. Vincent	3							ce chemin est vraiment pittoresque. De Chatillon on y monte dans 1 h.
Château de Fénis, sur la rive droite de la Doire par Pontey et Chambave	2,30							on y va en voiture, par la route nationale jusqu'à *Nus*, (2 h) d'où l'on arrive au *Château* de Fénis dans une demi heure. Ce chateau est vraiment digne d'être visité. — Il est encore en grande partie conservée mais on l'a trasformé en grange et on le néglige beaucoup. — Au bout de 3 heures l'on y arrive à pieds. De Fénis, dans une heure et demie l'on atteint à dos de mulet, à l'Ermitage de S. Julien, habité toute l'année par un ermite. Une légende dit que S. Julien, frère de S. Théodule en fut le fondateur.
St. Marcel - à deux heures d'Aoste								— etablissement Métallurgique pour le moment inactif. Sur la montagne mines de cuivre. A une heure et quart, sur S. Marcel (sur la rive droite de la Doire) se trouve le sanctuaire de N. D. de Ploues d'où l'on jouit d'une vue pittoresque. Tout près du Plan de *Borno*, mine de Manganèse. On y trouve la *violana* dite *marcellite*.
Bellecombe - Village de Chatillon.	2			2		5		vaste vue sur la Vallée.

Excursions, passages **Ascensions** Indication de la course	Combien dure la course en heures	Hauteur en mètres	Tarifs — Guides: allée ou retour	Tarifs — Guides: allée et retour	Tarifs — Guides avec mulet: allée ou retour	Tarifs — Guides avec mulet: allée et retour	Porteurs	Observations et Indications
PASSAGES AU SUD								
Fenêtre de Fénis ou **Col Fénis** pour Cogne.	14	2000	8	16	12	24		magnifique col entre deux gracieuses pointes. Sentier praticable.
Col Coronas	14	2000	8	16	12	24		de Châtillon à Cogne par St-Marcel et le col Coronas. On passe près *des mines de manganèse, (au Plan de Bornol)*, on traverse les *Chasses du Baron Peccoz* — Sur le col, il y a la limite entre celles du Baron et celles du Roi. Magnifique coup d'œil. Lac Coronas avec écho — *Chalets du Grauson* — *Tarabouc*. (Faitez vous racconter l'histoire du *becquet de Tarabouc* et des minières de Grauson). — *Cogne*.
ASCENSIONS AU SUD								
Barbeston ou *Pointe des deux heures* au Sud-Ouest	13	2505		6		12		on y va à dos de mulet, passant par *Pontey* et par le Chemin de *Valmeriana* près du col, d'où dans une heure et demie l'on arrive sur la pointe du *Barbeston*.
Mont Giron.	8	2420		6		12		domine *Châtillon* au Sud-Ouest du coté de *Champ-de-Praz* — Cette commune possède de riches mines de cuivre. *De Châtillon* à *Bellecombe* par *Ussel* (2 h.). Avec le mulet l'on va jusqu'au plus hauts chalets — Vue de la Vallée, du *Mont Rose, Cervin* et du *Mont Blanc*.
Saint Denis et descente à Chambave . . .	5			4		10		charmante excursion qu'on peut faire à cheval. Ruines pittoresques du château et position magnifique. A Chambave, on fait un vin Muscat exquis.

EXCURSIONS, PASSAGES **Ascensions** INDICATION DE LA COURSE	Combien dure la course en heures	Hauteur en mètres	Tarifs — Guides: allée ou retour	Tarifs — Guides: allée et retour	Tarifs — Guides avec mulet: allée ou retour	Tarifs — Guides avec mulet: allée et retour	PORTEURS	OBSERVATIONS ET INDICATIONS
Saint Evance	5			6		12		promontoire pittoresque que l'on voit très-bien du pont de Chatillon en regardant au nord, C'est un antique ermitage. Il est mieux de s'y rendre par S. Denis et Verrayes en visitant les ruines du Château de Cly, du XIVe siecle. La vue est très vaste. De là l'on compte 36 clochers. La légende dit que l'ermitage à été fondé par S. Evance frère de S. Théodule évêque de Sion. On peut aussi passer par *Torgnon* sans allonger le chemin, mais on ne saurait assez recommander l'autre route qui est beaucoup plus intéressante.
DANS LA VALTOURNANCHE								
Grands Moulins (Voiture à 1 ch. L. 5).	6	1031						on peut à présent jouir de la nouvelle route chariotable. Vue du Mont Cervin qui s'élève comme une tour, au fond de la vallée (cantine). Des *Grands Moulins*, l'on voit: à droite, le clocher et l'Eglise *d'Antey Saint André:* (1079 m.) la cime du *Tantané* (Tanta nivis) et l'Eglise de la *Magdeleine* (1655 m.). A gauche, des murs et des arcad s, ruines d'un ancien aqueduc qui conduisait les eaux à *Saint-Denis* et à *Verrayes*.
A **Valtournanche** par Torgnon (1476^{m}) situé au midi avec une vue grandiose	12	1472	8		12			magnifique traversée des pâturages de Torgnon et de Valtournanche.
A **Valtournanche** par *Antey* la *Magdeleine* (1650 m) et *Chamois* (1825 m). .	14	1825	8		14		6	très belle excursion, mais un peu pénible. La vue est toujours très-variée. On descend à *Valtournanche* par les Châlets de *Cheneil*. — CHAMOIS est un des plus elévés villages des Alpes.
Valtournanche (Voiture à 1 ch. L. 10) . . .	10	1542	6	8	10	20	5	(PAQUIER) Passé la Chapelle d'Ussin, le *Cervin* reparait au bot d'un certain trajet. — Après les hameaux de Maïn, et de Bardolet il y a une montée de 192^{m} qui conduit à l'Eglise. Hôtel du *Mont Rose* tenu par *Mr. Grégoire Pession.* Qu'on ne s'oublie pas de s'arreter.

Excursions, passages **Ascensions** Indication de la course	Combien dure la course en heures	Hauteur en mètres	Tarifs — Guides: allée ou retour	Tarifs — Guides: allée et retour	Tarifs — Guides avec mulet: allée ou retour	Tarifs — Guides avec mulet: allée et retour	Porteurs	Observations et Indications
Gouffre des Busseralles (retour à Chatillon) — A present on peut faire la course en voiture jusq'au Valtournanche. .	10	1602		8	20			une merveille, comme l'on n'en voit pas souvent. On engage les voyageurs à ne pas passer sans le visiter. Dans une heure et quart on arrive à l'Hôtel du *Giomen*.
De Chatillon au *Giomein* sur Breuil. Hôtel du Mont Cervin.								dans le *Bassin de Breil*, aux pieds du *Mont Cervin*, coup d'œil surprenant. Hôtel pourvu et de tout ce qu'on peut désirer, à des prix très-modérés en égard à la localité et aux difficultés de transport.
A **Zermatt** par le *St. Théodule*. (Auberge au col).	2jours	3332	25				20	le mulet peut aller jusqu'au pied du Glacier, aux *Fourneaux*. On le passe même à cheval mais très rarement. Première journée: tappe à l'*Hôtel du Giomein*. Voir « La leggenda di Saint Théodule » dans le volume « Aria di monti » par G. Corona.

III.

STATION

DE

VALTOURNANCHE

Hôtel du Mont Rose

(m. 1542)

tenu par **PESSION GRÉGOIRE**

NB. On y trouve tout ce qu'on peut désirer et surtout une grande propreté. — Demander des *œufs à la Pession* et des pommes de terre sautés au beurre, vin rouge de Chambave, vin mousseux blanc d'Asti. — Prix moderés.

Excursions, passages **Ascensions** Indication de la course	Combien dure la course en heures	Hauteur en mètres	Tarifs — Guides — allée ou retour	Tarifs — Guides — allée et retour	Tarifs — Guides avec mulet — allée ou retour	Tarifs — Guides avec mulet — allée et retour	Porteurs	Observations et Indications
VALTOURNANCHE		1542						Le village du Chef-lieu s'appelle *Paquier* L'église paroissiale fut construite en 1420 et presque entierement rebâtie de nos jours. Le clocher est de 1760. *Paquier* est le centre de nombreuses et agréables excursions. Nous devons à Mr. le chanoine *Carrel* la satisfaction de connaître un pays si riche en beautés. On lui a élevé un monument dû à l'initiative de M. Corona et des guides de Valtournanche ainsi qu'au concours de tous les Clubs alpins et de tous les alpinistes italiens et étrangers.
EXCURSIONS								
Busserailles (Gouffre de) Cascade souterraine .	1	1642		2		3		Découvert le 24 Novembre 1875 par les fréres *Maquignaz et J. A. Carrel*. Ce gouffre a 104[m] de long., 35 de haut; de larg. 4[m] environ. La hauteur de la cascade est de 16[m]. — C'est le chanoine Carrel qui l'illustra le premier en le faisant connaître et à l'Italie et à l'étranger — *Les botanistes* découvrent aux environs des plantes assez rares. Le *Lilium Martagon* et les *Napellum* y abondent.
Giomein au **Breil** (Hôtel du Mont Cervin) .	2	2114		4	5			Le sentier de *Valtournanche* au *Giomein* est très intéressant. On rencontre la *chapelle de Notre Dame de la Garde* construite en 1679, *Croix de fer. Busserailles dessus. La pérère, la montée du Lac, le plan* du *Sararey, la Chapelle de Breil* et *le Giomein.*
Lac de **Loo**	2			2				Il y a sur ce lac une curieuse légende: un Village aurait été englouti par les eaux, à cause du peu de charité des habitants. A la place du village il y a le lac.
Lac des **Cimes Blanches, de la Barme et du Goillet** (L'on revient des deux premiers lacs en 6 h.)	8			8				Excursions magnifiques.

Excursions, passages **Ascensions** Indication de la course	Combien dure la course en heures	Hauteur en mètres	Tarifs — Guides: allée ou retour	Tarifs — Guides: allée et retour	Tarifs — Guides avec mulet: allée ou retour	Tarifs — Guides avec mulet: allée et retour	Porteurs	Observations et Indications
CASCADES								
De Ronds au pied de la *Dent d'Hérin*	5		2					En partant de *l'Hôtel du Mont Cervin* au Giomein l'on y arrive après une agréable promenade de 2 h.
Des Cors au Sud-ouest *du Giomein*.	6		4					Cette cascade, qu'on voit très bien de l'Hôtel du Mont Cervin, mesure 20 m. de hauteur: elle s'écarte de la montagne de 30 centimètres environ. De là, sans trop allonger le chemin, on peut visiter le Glacier de *Chiareghion*.
Des Moulins sur le Chemin de Chatillon à Valtournanche	2							Cette cascade est assez imposante, on la voit de la route.
COLS								
pour Praz Rayé:								
Col du Mont Tabel	18		30					Les châlets de Praz Rayé forment le centre de grandes et très interéssantes excursions et ascensions. Le Club Alpin devrait faire tout son possible pour y établir une Station. Les anglais Forbes, King, Cust et Parish en parlent avec la plus vive admiration. On va à Zermatt par le glacier de Cià des Cians et le *Col de Valpelline*, à Chermontane par le glacier d'Otemma, à Evolena par le *col des Bouquetins* et à Arolla par le *Col de l'Aurier Noir* (3304) en passant à droite de la Combe de Brulet, puis par le glacier et ensuite par le *Col de Collon*.
Col Budden entre la tête de Bella Cià et la pointe de Guin (Difficile, on passe par le glacier de Bella Cià)	15	3400	40				35	On peut monter jusqu'à la Becca de Guin et descendre par le glacier de Bella Cia. Très difficile, traversé pour la première fois par J. *Corona* avec les guides Maquignaz J. J. et Carrel J. A, le 10 Juin 1875, et ainsi appelé en l'honneur de l'illustre apôtre anglais de l'alpinisme en Italie.

EXCURSIONS, PASSAGES **Ascensions** INDICATION DE LA COURSE	Combien dure la course en heures	Hauteur en mètres	Tarifs — Guides — allée ou retour	Tarifs — Guides — allée et retour	Tarifs — Guides avec mulet — allée ou retour	Tarifs — Guides avec mulet — allée et retour	PORTEURS	OBSERVATIONS ET INDICATIONS
COLS (Suite)								
Col de Valcornero.	15		15					Ce passage, comme les suivants, est plus ou moins facile, mais agréable et pittoresque. La section d'Aoste du C. A. I. a établi de distance en distance des piliers en pierre pour indiquer la route.
Col du Château des Dames (Praz Rayé). . .	17		25				14	On est obligé de passer sur le glacier.
Col de Livornio par Saint Barthélémy (Bionaz)	16		20				12	
Col de Luseney par Saint Barthélémy (Bionaz)	17		25				14	Passage sur le glacier. En passant le Col, on peut faire l'ascension du Bec de Luseney duquel on jouit d'une vue très étendue. On y emploie 4,50 en plus et on paye 15 francs depuis le Col et 10 au porteur.
Col Montagnala par Saint Barthélémy (Bionaz)	16		20				12	
A la Vallée d'Ayas (Hôtel Fiery par le **Col de Portola**	10		8		12		6	Hôtel de construction Suisse. — Centre de plusieurs excursions.
A Brussòn (Vallée d'Ayas) par le **Col de Portola**.	11		8		12		6	Auberge du *Lion d'or* tenu par Vuillerminet où l'on est bien servi ; centre, comme l'Hôtel Fiery, de nombreuses excursions.
A la Vallée d'Ayas par le **Col de Naua** . . .	8		8		12		6	De l'*Hôtel Fiery*, en moins de 5 heures, passant par la *Betta Furka* l'on est a *Gressoney la Trinité*, d'où traversant le *Col d'Ollen* on peut arriver à *Alagna* dans 6 heures. De *Alagna*, franchissant le *Col de Turlo*, dans 9 heures environ, on arrive à *Macugnaga*. Le voyage de *Valtournanche* à *Macugnaga* et à *Pestarena*, en traversant toutes ces vallées et ces cols, est un des plus intéressants que l'on puisse trouver sur nos hautes Alpes. Le guide est nécessaire.

Excursions, passages **Ascensions** Indication de la course	Combien dure la course en heures	Hauteur en mètres	Tarifs — Guides: allée ou retour	Tarifs — Guides: allée et retour	Tarifs — Guides avec mulet: allée ou retour	Tarifs — Guides avec mulet: allée et retour	Porteurs	Observations et Indications
COLS (Suite) A l'Hôtel de **Fiery** et à **Brusson** par le **Col de Vascoccia**.	10		8				6	
A l'Hôtel de **Fiery** par le **Col Inférieur des Cimes Blanches**. . . .	8	2011	8				6	*NB*. Tous ces passages peuvent se pratiquer aussi de la Station du *Giomein au Breil* sans que le tarif varie.
A l'Hôtel de **Fiery** par le **Col du Tournalin** .	10		10	16			6	On passe par Cheneil entre le Grand et le Petit Tournalin et on descende du côte d'Ayas par les hautes pâturages de Nana.
pour **Zermatt**. . . . . . (On les indique comme point de départ de la Station du Giomein au Breil à page 34).								*Zermatt* premièr village de Valais, (200 a trois cents habitants). Altitude 1640m. On y va par le col S. Théodule. On peut dire de ce village qu'il a été régénéré par l'alpinisme. Au mois d'août 1789 De Saussure aurait du employer la violence pour s'y loger si le Curé ne s'etait pas décidé à lui ouvrir sa porte. Mr *Clément* Président de la confédération à Wisp y posa, en 1830, les fondements du modeste *Hôtel* du *Mont Cervin*. A présent il y a deux hôtels énormes (*Mont Cervin et Rosa*) tenus par Mr. A. Seiler, qui est le modele et le roi des grands hotelliers des Alpes. Il tient aussi l'Hotel *du Riffel* dans une position surprenante.
ASCENSIONS								
Grand Tournalin (Pic Whymper).	12	3400		12	12		3	Il s'élève au Nord-Est de Paquier. — L'on passe par Chéneil (2067m), pâturages les plus hauts de nos Alpes. — On peut aller à dos de mulet jusqu'au Col. — Pour y monter il faut 3 heures de chemin mais sans aucune difficulté. Whymper y est arrivé le 7 Août 1863 en compagnie de J. A. Carrel. Panorama très grandiose. Il y a une cabane pour la nuit (Cabane Carrel) tout prés du sommet construite par le C. A. d'Aoste. Mr. Corona, avec les guides Maquignaz J. J. e Carrel J. A., a fait cette ascension le 9 Fevrier 1875 avec 25 degrés sous zéro.

EXCURSIONS, PASSAGES **Ascensions** INDICATION DE LA COURSE	Combien dure la course en heures	Hauteur en mètres	**Tarifs** — GUIDES — allée ou retour	allée et retour	GUIDES avec mulet — allée ou retour	allée et retour	PORTEURS	OBSERVATIONS ET INDICATIONS
ASCENSIONS (Suite)								
Roisetta	8			8			5	Promontoire près du *Tournalin*. - Montée très-facile Du Nord, surtout, on jouit d'un magnifique coup d'œil.
Motta de Plété (en face du Mont Cervin) . .	7	2866		8				Magnifique promontoire situé au Nord sur les pâturages de *Ciera Greusa* et de *Manda. De la Motta*, en se tenant à *Nord-Ouest*, l'on peut facilement descendre à *l'hôtel du Giomein*, par les lacs de *Goillet* et de la *Barme* ou par *Versu*, et *Champlong*, passages qui rendraient l'excursion bien plus agréable.
Château des Dames (au Sud-Ouest). Très recommandable aux dames.	10	3500		15			10	C'est une ascension très facile, par *Tsegnana* et *Fontanella*. — On y arrive dans 6 heures — On raccourcit de beaucoup le chemin en passant par *Gliorte* et le Col de *Za*. De la cime, l'on peut descendre à l'hôtel du *Giomein* par *Vofrède*, au Nord-Est.
Pointes Salées . . .	12	3500		20			12	Curieux amas de pointes penchées sur les pâturages de *Tsegnana;* on les appelle ainsi parce que (dit-on) il y avait une fontaine d'eau salée. On les voit du pont de Chatillon. On y arrive par *Fontanella* et par le *Col de Za*, excursion assez difficile.
Bec du Créton . . .	15	3500		20			15	Montée difficile, faite pour la première fois par Mr. *Joseph Corona* le 27 Juillet 1875, en compagnie de P. Maquignaz. La tour est très originale. On remarque au pied de la tour une corde fixe. L'ascension est recommandable aux *grimpeurs*. On suit le sentier du *Château* des *Dames*, qui est sur le chemin.
Pointes des Champs (sur Torgnon).	15	3500		20			15	Ascension assez difficile. Il faut passer par des glaciers et des crêtes de rochers Le Notaire A. Lucat de Chatillon y arriva le premier, avec un seul guide. Deux guides sont cependant indispensables pour l'alpiniste inexpert.
Pancherot. A l'ouest de Paquier et au nord-est des Châlets de Tsegnana	6	2500		8				Ascension très facile Le Grand Cervin se trouve en face, — Point dominant tout Valtournanche. D'après une légende, de gros blocs se seraient détachés de Pancherot et auraient détruit un village entier où se trouve à présent *Pra rioud*.

IV.

STATION

DU

GIOMEIN AU BREIL

Hôtel du Mont Cervin

(m. 2114)

tenu par GABRIEL MAQUIGNAZ

NB. L'Hôtel a été bâti en 1856. Son propriétaire est le comte D'Entreves. Il se trouve au milieu d'une charmante prairie dans le centre du surprenant bassin de Breil et aux pieds du Col St. Théodule et du Gd-Cervin. On y trouve tous qu'il faut. — Bonne cuisine, prix moderés. — On peut s'y arreter plusieurs jours pour des excursions très interessantes. Le maitre d'hôtel se charge de vous procurer des guides et de mulets. Si on s'arrete au moins une semaine on peut avoir une pension journalière (gouter, déjeuner, diner et chambre) pour 10 francs.

Excursions, passages **Ascensions** Indication de la course	Combien dure la course en heures	Hauteur en mètres	Tarifs — Guides: allée ou retour	Tarifs — Guides: allée et retour	Tarifs — Guides avec mulet: allée ou retour	Tarifs — Guides avec mulet: allée et retour	Porteurs	Observations et Indications
De Chatillon au **Giomein**	7	2150	8		15		6	Au milieu du bassin de Breil on jouit d'un vaste et magnifique amphithéâtre de montagnes. Au fond de la Vallée, vers Châtillon, l'on voit la Tersiva, joli pic qui est sur Cogne. Tout près et tout autour : le Col du Théodule, le grand Cervin, la Dent d'Hérin, la Pointe Gastaldi (des Cors), les pointes Sella et Giordano (des Jumeaux de Valtournanche), la Becca de Guin, le Bec du Créton et le Château des Dames — Dans les marais du bassin, on trouve toujours des *Eriophorum* (porte-laine) *Scheuzeri* et sur le côté gauche du torrent de la Barma des *Gentiana purpurea* — Prés de la gracieuse chapelle de Breil on traverse le torrent de la Barma et, après une petite montée de dix minutes à travers la prairie, on est à l'hôtel — Dans les environs le botaniste, le géologue et le minéralogiste trouvent d'abondants matériaux pour leurs études. — On dit que tout près du glacier de Mont Tabel, duquel se précipitent toujours des avalanches, il y avait une mine d'or. J'y ai été avec Mr. Santelli, ingénieur des mines. Nous avons trouvé des traces de cuivre, mais pas une paillette du précieux minéral.
EXCURSIONS								
Cascades des Cors	5			5				N.B. **Voir** à page 58 « Excursions de la station de Valtournanche. » — **Autres excursions.** Du Giom. dans une heure on est au gouffre de Bussérailles et en très peu de temps aux chalets du *Laiet* qui sont en face de ceux d'*Aroil* un peu plus en haut au milieu des mélèzes. Là il y à le *laiet*, petit lac noir. La légende veut qu'un châlet y a été englouti f ute de charité dans son propriétaire. En souvenir du fait on a bâti une petite chapelle et le curé de Verrès propriétaire du terrain, est obligé d'y dire une messe chaque année le 22 Juillet. Ce jour là on donne aux pauvres tout le lait et tout ce qu'on produit au *Laiet*. — En demie heure de l'hôtel, visiter les ruines du petit château du Planet.

Excursions, passages **Ascensions** Indication de la course	Combien dure la course en heures	Hauteur en mètres	Tarifs — Guides — allée ou retour	Tarifs — Guides — allée et retour	Tarifs — Guides avec mulet — allée ou retour	Tarifs — Guides avec mulet — allée et retour	Porteurs	Observations et Indications
EXCURSIONS (Suite)								
Lacs de la **Barme** et des **Cimes blanches** jusqu'au **Col** de la **Grande Cemette** (Voir à page 30)	6			5				D. ces lacs, on peut facilement arriver au Col qui s'élève entre la grande Cemetta et les rochers qui s'avancent des pieds du Breithorn et du Petit Cervin ; delà l'on peut descendre à l'*Hôtel Fiery* par la Vallée d'Ayas et retourner au *Giomein* par le *Col des Cimes Bianches*. Cette excursion est vraiment pittoresque et pas trop fatigante. On trouve des *edelweis*.
Glaciers du Mont Tabel et du Mont Cervin.	8			10			6	Au nord de la Dent d'Hérin (ou de Rond), au milieu d'un vaste circuit, on voit un glacier horriblement découpé et en ruine. C'est le glacier de Mont-Tabel. On peut s'en approcher par les morènes qui le limitent. En se dirigeant vers Nord, on arrive au petit glacier du Mont Cervin d'où l'on revient par le sentier des châlets de l'Eura (*Vent*) dans lequel habitait, il y a du temps, un homme bien singulier qu'on appelait, l'*hommo serradzo*, l'homme sauvage (Voir « La leggenda del St-Théodule » dans le volume : *Aria di monti* de *G. Corona*). Cette excursion utile et agréable peut durer une journée entière. La *flora* des prés qui touchent aux glaciers est bien riche. On y trouve des *edelweiss* qui, dans la Vallée Tournanche, sont bien rares et la *pinguicula vulgaris*, intéressante plante carnivore.
Lac de Loo (Voir à pag. 30)	4	3100	3		6			
Col de St-Théodule	4	3332	8			3		
Du Col au:								
Pileur ou Théodulhorn.	3	3472		3				

NOTICE SUR LE COL ST-THÉODULE.

La légende dit qu'on l'a ainsi nommé pour perpétuer la mémoire du saint évêque de Sion qui souvent y passait pour aller visiter Jullien et Evance, deux de ses frères qui étaient ermites dans la Vallée d'Aoste. La même légende dit qu'autrefois l'on passait sous le Col par un trou qui d'Anservigne (*sert de vigne*), près du Breil, conduisait à Proborno (*près du trou*) c'est à dire à Zermatt. Voir : « La leggenda del St-Theodule » en *Aria di monti* de *G. Corona*.

EXCURSIONS, PASSAGES **Ascensions** INDICATION DE LA COURSE	Combien dure la course en heures	Hauteur en mètres	Tarifs — GUIDES — allée ou retour	allée et retour	GUIDES avec mulet — allée ou retour	allée et retour	PORTEURS	OBSERVATIONS ET INDICATIONS
EXCURSIONS (Suite)								
Breithorn (large corne) Vue très-étendue sur les versants suisse et italien.	7	4171		20		15		Le 11 d'Août 1792 De Saussure y dressa sa tente et y éleva quatre murailles, en guise de rempart, pour faire ses observations. En 1850 Mr. Pileur s'y campa aussi, et après lui, un certain nombre d'alpinistes. C'est alors que Meynet Pierre Antoine pensa à bâtir une baraque pour le confort des touristes. Dolphus-Ausset, vers le fin de Juillet 1865, y placa un observatoire météorologique qui fonctionna régulièrement pendant une année. Vinrent ensuite les frères Pession qui agrandirent la cabane et en bâtirent une seconde — Aujourd'hui la *Cantine* dispose de plusieurs lits assez confortables et on peut y séjourner quelques jours pour les ascensions du Pileur, du Petit Cervin et du Breithorn et pour faire l'excursion du Col de Furka ou Furgen pas. Les prix y sont, relativement, moderés. — Du Col St. Théodule, on peut faire l'ascension de toutes les pointes du Mont Rosa et descendre au Riffel ou à la Cabane Linty pour Gressoney.
Petit Cervin	6	3886		15		10		
Hoerschte-Spitze du Mont Rose, cotoyant les pieds du Breithorn, du Petit Cervin et en traversant le glacier de Görner qui est très-interessant .	12	4638		45		30		
Col de Furka ou **Breiljoch** ou pas du Mont Cervin et, par la crête, se rendre au Col St-Théodule	15	3400					15	Monter droit et puis, par l'arête, aboutir au col St-Théodule. Cette excursion, quoique assez difficile, a été réussie par une dame guidée par I. I. Maquignaz. Les spectales lés plus variés la rendent très intéressante et riche en émotions.
Tour du Mont Cervin.	2jours	3300					40	Aller par le *Col de Furka*, retourner par le *Col Tournanche*. Très-recommandable aux bons alpinistes qui veulent donner preuve de force, de courage et de tenacité. Vous gouterez toutes les voluptés que donne la victoire. Le superbe Cervin, ainsi visité, offre des formes bien singulières et très imposantes. On conseille de le faire en deux jours, en conchant a Stockje (cabane) qui est au milieu du glacier de Zmutt.

Excursions, passages **Ascensions** Indication de la course	Combien dure la course en heures	Hauteur en mètres	Tarifs — Guides — allée ou retour	Tarifs — Guides — allée et retour	Tarifs — Guides avec mulet — allée ou retour	Tarifs — Guides avec mulet — allée et retour	Porteurs	Observations et Indications
COLS								
Voir le passages pour Valpelline et la Vallée d'Ayas à page 38, 40 et 42								N.B. Pour les excursions etc., qu'on voudra faire depuis Zermatt, se procurer : « Ascensions et courses dans le canton du Valais. Tarif officiel pour guides, porteurs, chevaux et voitures : Prix 60 cent. »
Pour **Zermatt** par le Col St. Théodule	8	3332	15				10	
» par le Col de Furka	8	3400	20				15	Passage plus difficile que celui de St-Théodule. Visiter le *Schwarzen-see* (*lac noir*) et la petite chapelle qui formait le centre d'un ancien pèlerinage des habitants de Zermatt et de Valtournanche. (Voir pour les détails : *Aria di Monti*).
» par le Col des Cimes blanches	12	3021	20				15	Ce col a été traversé par Mr. De-Saussure le 16 Août 1792. Tout près du Col il y a le glacier dans une crevasse duquel Mr. François Leon Welf en 1852 a été englouti et puis rejeté par les mouvements du glacier en 1867.
» par le Col Tournanche	16		40				30	Bien difficile à cause de ses rochers escarpés du côté italien et de son glacier assez roide du côté suisse. Il a été traversé par un Américain, il y a quelques années. Les seconds a y passer furent Mrs Torri et Corona du C. A. I. en 1875 avec les guides J. J. Maquignaz, V. J. Maquignaz et Ansermin Augustin
» par le sommet du **Gd-Cervin**	2 jours	4482	150				90	Cette gigantesque traversée à été déjà faite par plusieurs anglais en moins de 20 heures de marche continuelle. Elle est recommandée aux plus courageux de nos alpinistes comme un tour de force de premier ordre. M. Tyndall l'a réussie pour la première fois en Juillet 1868 avec les frères Magnignaz J. J. e J. Pierre. Les premiers que de Zermatt sont descendus au Giomein par le sommet du M. Cervin, ont été M. F. Thioly du C. A. S. et J. Bollet avec Maquignaz J. J., son frère Victor et Elie Pession au mois d'août de la même année.

Excursions, passages **Ascensions** Indication de la course	Combien dure la course en heures	Hauteur en mètres	Tarifs — Guides: allée ou retour	Tarifs — Guides: allée et retour	Tarifs — Guides avec mulet: allée ou retour	Tarifs — Guides avec mulet: allée et retour	Porteurs	Observations et Indications
ASCENSIONS								
Motta de Pleté (Voir à page 44).	3	2866		8			4	La vue y est tellement superbe que Mr. le chan. Carrel a manifesté le désir d'y voir un petit pavillon.
Grand Cemetta . . .	6	3250		8			4	Ce pic sépare les deux cols des Cimes Blanches. On y arrive par le col supérieur — Vue sur le Mont Rose, le Mont Blanc, le Cervin, le Grand Paradis et le Mont Viso.
Cime de Paucherot	6	2500		8			4	(Voir à page 44) Montée très facile et presque insensible. L'on passe par les pâturages de Créton, de Lévenère (*eau noire*) de Greuglion, de la Scuriola et par le Col de Dza. La cime du Pancherot tomba, selon la légende, sur Prò Riond, qui était un village assez grand. Au milieu du clapey il y a un trou. On dit qu'en y jetant des pierres on entend u e rumeur comme si on frappait sur des chaudières.
Château des Dames	10	3000		15			10	(Voir à page 92) En passant par Avoil et Vofrède, la montée est plus courte On traverse le glacier en se tenant toujours à gauche jusqu'au sommet entre le glacier et le *Bec du Créton*.
Petit Cervin.	13	3886		20			20	par le Col St-Théodule, on remonte une pente de glacier jusqu'à un petit plateau. De là on grimpe sur la gauche.
Breithorn (coucher à la Cabane et descendre au Breil) ascension et descente a Zermatt.	16	4171		30			25	Panorama splendide sur l'Italie et sur la Suisse. On pourrait, selon Mr. Gorret, traverser le grand plateau Rosa et descendre sur Ayas.
Pileur ou Theodulhorn.	10	3472	12				8	C'est Mr. Pileur qui l'a monté le premier en 1850. L'ascension est bien facile. Depuis le Col on la fait commodement en deux heures.

Excursions, passages **Ascensions** Indication de la course	Combien dure la course en heures	Hauteur en mètres	Tarifs: Guides — allée ou retour	Tarifs: Guides — allée et retour	Tarifs: Guides avec mulet — allée ou retour	Tarifs: Guides avec mulet — allée et retour	Porteurs	Observations et Indications
ASCENSIONS (Suite)								
Becca de Guin . . .	14	3000	35				20	Une des pointes de la paroi de rochers qui ferme le bassin du Breil à l'O. Assez difficile et bien recommandable. Les premiers à la gagner furent Mrs. Baretti, Vaccarone et Nigra. Mr. Corona à été le second le 9 Juin 1875. Depuis lors, personne.
Pointe Sella des Jumeax de Valtournanche .	16	4000	40				30	M. Corona y arriva le premier avec les guides Maquignaz J. J. et Carrel J. A. le 9 Juin 1875 et la nomma ainsi en honneur de l'illustre fondateur du C. A. I. — On suit le même sentier que pour la *Becca de Guin* d'où, après une courte montée, l'on descend sur une longue crête couverte d'une épaisse glace surplombant le vide, et on remonte sur le rocher en grimpant jusqu'au sommet. Mr. Corona en a fait une seconde ascension par un nouveau sentier en passant droit au milieu des Jumeaux le 12 Août 1877. Une troisième ascension à été faite par Lord Wentworth dans les premiers jours de Septembre, même année.
Pointe Giordano des Jumeaux de Valtournanche	16	4000	40				30	Ainsi nommé par Mr. Corona en honneur de l'intrépide grimpeur et du savant illustrateur du Mont Cervin. Mais Mr Corona n'a pas pu y arriver dans ses quatre tentatives et toujours à cause du mauvais temps. — Lord Wentworth a été plus heureux! Le 6 de Septembre 1877 il partait de l'Hôtel du Giomein à deux heures du matin avec les guides J. B. Bich dit *Pers* et Rey de Courmayeur. Ils l'atteignirent à midi en passant entre les deux pointes, en descendant sur le versant de Valpelline de 150 à 200 m. et puis en remontant vers le Nord. A 7 h. 30 m. du soir ils étaient de retour au Giomein. Lord Wentworth a légalisé la dénomination donnée par Mr. Corona.

Excursions, passages **Ascensions** Indication de la course	Combien dure la course en heures	Hauteur en mètres	Tarifs — Guides: allée ou retour	Tarifs — Guides: allée et retour	Tarifs — Guides avec mulet: allée ou retour	Tarifs — Guides avec mulet: allée et retour	Porteurs	Observations et Indications
ASCENSIONS (Suite)								
Pointe Gastaldi des Cors	15	3900		30			20	Cette pointe domine le glacier de Mont Tabel ainsi que la Dent d'Hérins. Mr. Corona y est arrivé le premier le 27 Juillet 1877 avec les guides J. B. Bich, Ansermin Augustin et Elie Pession. Il l'a nommèe Pointe Gastaldi en honneur du savant et bien regretté géologue qui a été le premier président du C. A. I. et qui, avec Sella et Gio dano, forme la triade fondatrice de l'alpinisme en Italie.
Dent d'Herins ou de Ron, ou Montabel	2jours	4180		70			40	Réussie pour la premiére fois en 1862 en partant du côté de Bionaz. Du côté du Giomein l'ascension est bien difficile. Mr. Whymper la manqua Mr. Puller, avec les guides J. J. et J. Pierre Maquignaz, la réussit en 1873 en montant le glacier de Mont-Tabel et en passant une nuit sur le plateau supérieur de ce glacier. De là il employa 15 heures pour atteindre le sommet. Il descendit du côté de Bionaz.
Tète du Lion	12	3740		20			15	On monte, en tenant la route qui va au Mont Cervin, jusqu'au pied du couloir du Lion, delà on se tient à gauche en montant jusqu'au grand nevé de là Tête du Lion. On attrape l'arête à gauche, on tourne à droite et on y est. Mr Whymper a fait la première ascension de la *Tète du Lion*. La vue est assez grandiose.
Grand Cervin (Matterhorn)	2jours	4482		100			70	Si le porteur va seulement jusqu'à la *Cabane de la Cravate* on le paye 30 francs, et à la nouvelle *Cabane de la Tour* 30 francs.
Cabane de la Tour — Construite par la Section d'Aoste du C. A. I. (Voir à page 15)	6	4000		30			30	Tout près du *Vallon des glaçons*. La Cabane est en bois de meleze et mésure 2 m. et 50 c. de large sur 5 m. de long L'emplacement est spacieux. Magnifique vue depuis la Dame Blanche jusqu'au Breithorn sur toute la chaine des Alpes.

NOTICE SUR LE MONT CERVIN

La plus belle et la plus terrible pointe des Alpes. La légende dit qu'à sa place il y avait de magnifiques campagnes et des villages bien peuplés. Le Juif Errant passa et apporta avec lui la malédiction du Christ. Les campagnes et les villages furent engloutis dans les abimes de la terre et un point seul est resté debout, terrible et plein de désolation, le Mont Cervin. Cette montagne passait pour infranchissable. Mais la passion des alpinistes augmenta et la guerre, une guerre acharnée, fut déclarée à toutes les *pointes vierges*. Whymper, Tyndall et Giordano luttérent pour gagner le Mont Cervin. La victoire couronna les efforts du premier, mais au prix de quatre victimes le 14 Juillet 1865. L'ascension avait été faite du côté suisse. Trois jours après, l'abbé Amé Gorret et les guides Jean Antoine Carrel, J. Baptiste Bich et J. Augustin Meynet, montés du côté du Breil, plantèrent, sur le sommet humilié, le drapeau italien. En 1866 Mr. Giordano commença sa campagne géologique sur les flancs du Cervin. En 1867 la *cabane italienne*, à la Cravate (4134 m.) fut ouverte : peu après Mr. Seiler faisait construire la *Cabane Suisse* à 3818 m.

Les ascensions se multiplièrent. En 1867, le 13 Septembre, une caravane de braves guides de Valtournanche composée des frères J. J., J. P. et V. J. Maquignaz, de César et de J. B. Carrel et de sa fille Félicité agé de 18 ans arrivérent jusqu'à 100 m. du sommet à un petit plateau qui fut baptisé *Col Felicité* par Mr. Leighton Jordan. Les frères J. J. et P. Maquignaz continuérent la route et le premier découvrit, sur la face sud de la montagne, un passage meilleur et plus court. Tyndall à la fin de Juillet du 1868 réussissait finalement l'ascension et parvint à le traverser pour descendre à Zermatt ; en Septembre, Mr. Giordano finissait et couronnait ses études sur le Mont Cervin en le domptant et en le traversant.

L'ascension du Cervin, toujours bien difficile, quoiqu'elle soit, sur les deux versants, facilitée par des cordes et par des chaines, se fait en deux jours assez commodément; du Giomein à la Cabane, de la Cabane au sommet et retour au Giomein. On passe successivement par les lieux suivants: Batzé (châlet), Mont de l'Eura (châlet) Riondé (pâturage) Couloir, Col du Lion (3600 m.) 1ère tente (3860), la Cheminée (1ère corde). 2de tente 3965 m.) degrés de la Tour (corde), vallon des glaçons (corde), gite Giordano, Mauvais pas (corde), le Linceuil (corde). grande corde Tyndall, (4080 m.) crête du coq, cravate et cabane 4134 m.), épaule, pic Tyndall 4260 m.), enjambée, col Felicité et échelle Jordan. Les cordes jusqu'à la Cabane furent changées grâce aux soins de la Section d'Aoste du C. A. I. les jours 27, 28 et 29 Juillet 1876 par huit guides volontaires ayant à leur tête J. B. Bich. MM. Pelli et Corona du C. A. I. surveillèrent l'opération. Voici la liste des grimpeurs italiens du Mont Cervin: MM F. Giordano, A. E. Martelli, G. Corona et E. Santelli (le 12 *Mai* 1875), Albino Lucat, Agostino Pession, C. Magnaghi, avocat. F. Gonella, Luigi Brioschi, C. Perazzi, Luigi Dell'Oro, Gaetano Costa, Quintino, Alessandro, Corradino et Carlo Sella, T. Cambray Digny, P. Cornaglia, B. Occhetti-Trombetta, P. Fontana, L. Vaccarone, M. Andreis, A. Tavallini et Vittorio Sella, qui profitant de l'hiver exceptionnel de 1881-82 a réussi à y arriver le 17 mars (premiére ascension d'hiver) et à descendre à Zermatt, et quelques-autres, que peut-être, j'oublie. Plusieurs Dames donnèrent una grande preuve de leur force en faisant cette ascension: Miss Walker, Miss Brevoort, Misses Anna et Ellen Pigeon, Mme Millot, mrs. Singer, miss Horaley, M.lle Voigl, Mrs E. P. Jackson et la signorina Luigia Biraghi. — Hurrah à ces braves! — Le 21 Juillet 1876 MM. Cust, Colgrove et Cavood de *l'alpine club* firent l'ascension sans guides du côté suisse. Mr. Gardiner de Liverpool a gravi le Cervin des deux côtés et puis il l'a traversé.

La nouvelle cabane sur le versant italien, est beaucoup plus sûre et moins dangereuse que celle à la *cravate* et tout à fait sur le sentier aux pieds de la Tour à 4000 m. Cet emplacement

(1) Première ascension de printemps.

a été signalé à l'attention de la Direction Centrale du C. A. I. par M. Corona (lettre du mois de Juin 1875 publiée dans l'*Alpinista*). Il a initié de suite une souscription qui a été remise, avec l'argent, à M. Rudden. Le 11 Août 1877 Mr. Q. Sella, le père du C. A. I., ouvrait au Giomein une nouvelle souscription à laquelle prirent part MM. Quintino, Carlo, Alessandro et Corradino Sella, G. Corona et G. Costa par une somme totale de 120 francs. La section d'Aoste en ouvrit une nouvelle en se souscrivant pour 200 francs, Mr. R. H. Rudden donna 100 francs. Le 5 Juillet 1882 on a commencé à trasporter les planches de la nouvelle cabane jusqu'au pied du glacier.

Guides porteurs et muletiers qui ont signé le Tarif des Stations de Châtillon, de Valtournanche et du Giomein le 9 de Mai 1875 à la réunion tenue, sur l'initiative de Mr. Corona dans l'hôtel du Mont Rose à Valtournanche.

Le noms sont conservés dans l'ordre de la souscription. Ansermin Francois, 45 ans. — Maquignaz Emanuel, 47 — Carrel Pierre, 41 — Pession Elie, 41 — Ravaz Salomon, 35 — Herins Louis, 29 — Ansermin Augustin, 38 — Gorret Maximilien, 31 — Meynet Alexandre, 40 — Gorret Charles, 40 — Pession Marc Antoine — Aymonod Baptiste, 31 — Maquignaz Victor Joconde, 32 — Meynet J. Augustin, 55 — Pession François, 41 — Carrel César, 39 — Bich Jean Baptiste dit *Bardollet*, 55 — Carrel Louis, 35 — Bich P. Abraham, 30 — Pession Antoine — Maquignaz Jean Pierre, 38 — Carrel Jean Antoine, 51 — Meynet Salomon 35 — Bich Jean Baptiste dit *pers*, 42 — Bich Pierre Daniel, 37 — Maquignaz Jean Joseph, 30 — Pelissier Augustin, 48 — Les juges des tarifs, signés: Meynet Luc — Meynet Jean.

V.

STATION D'AOSTE

(m. 600)

Hôtel du Mont Blanc, au couchant et à 200 mètres de la Ville.

Hôtel de la Couronne, sur la place Charles Albert. (prix modérés).

RESTAURANT LANIER sous le portiques de l'Hotel de la Ville
On y tient aussi quelques lits.
Des jeunes gens, voyageurs ou touristes, s'y trouveront très-bien.

CAFÈ NATIONAL ET BRASSERIE ZIMMERMANN

HORAIRE ET TARIFS

Diligences **Aoste-Ivrée** (place Charles-Albert)

D'AOSTE, 7 h. du matin, à IVRÉE 5 h. du soir.	Prix	Coupé et imperiale 8 f. 75
» 9 h. du soir à » 5 h. du matin		Autres places........ 7 f. 50

NB. L'impériale est considérée comme 1ère classe depuis le 1er Juin à tout Sept.

Diligences **D'Aoste, Pré St. Didier et Courmayeur.**
1er Juillet à 30 Septembre

D'AOSTE 9 h. du matin, à COURMAYEUR 1 h. du soir.
De COURMAYEUR 3 h. du soir, à AOSTE 6 h. 20 m. du soir.

Prix Coupé (2 places) 9 f. par place. — Impériale 6 f. par place.

NB. Avant le 1er Juillet et depuis le 30 Septembre la diligence va seulement jusqu'à Pré St. Didier et le prix est de 5 f. chaque place.

Vallée du Grand S. Bernard

Service d'Omnibus quotidien depuis le 1er Juillet 1882.

D'AOSTE, dipart. 7 h. 1/2 du matin, à St. RHÉMY, midi, Prix 6 f.
De St. RHÉMY, dipart. 4 h. du soir, à AOSTE 6 h. 1/2 » 4 f.

NB. Allée et retour facultatif pour 3 jour, 8 f.

Pour St. RHÉMY ou trouve des voitures (Hôtel de la *Couronne*) pour 2[illegible] f. à 2 ch. — 18 à 1 ch.

Tarifs des voitures (Chez Cosson Napoleon. Hôtel de la *Couronne* etc.)

D'AOSTE à IVRÉE...........	2 ch.	70 f.	D'AOSTE à St. RHÉMY....	2 ch.	30 f.
» » »	1 »	40 »	» » »	1 »	20 »
» » CHATILLON	2 »	30 »	» » St. DIDIER....	2 »	30 »
» » »	1 »	18 »	» » »	1 »	18 »
» » VALPELLINE	2 »	15 »	» à COURMAYEUR	2 »	35 »
» » »	1 »	8 »	» » »	1 »	20 »

Excursions, Passages **Ascensions** Indication de la course	Combien dure la course en heures	Hauteur en mètres	Tarifs: Guides, allée ou retour	Tarifs: Guides, allée et retour	Tarifs: Guides avec mulet, allée ou retour	Tarifs: Guides avec mulet, allée et retour	Porteurs
AOSTE							
Chef lieu d'**Arrondissement** et de **Diocèse**.		600					

Observations et Indications

Augusta Prætoria. Fondée par les Salasses sous le nom de Cordèle 1158 ans avant J. C (habitants 7,800). Ancienne Capitale du Duché de ce nom avec le siège épiscopal depuis le IV siècle, remarquable pour ses monumonts Romains tels que les remparts, l'Arc de Triomphe, la Porte Prétorienne, les ruines du Théâtre, les ruines de l'Amphithéâtre, les souterrains Romains, le Pont Romain, etc. (1). Parmi les principaux édifices modernes, il faut citer la Cathédrale, la Collégiale de St. Ours, la Tour du Lépreux, la Tour de Bramafam, le Palais Roncas, achevée en 1606 par Mr. Pierre Léonard Roncas, la Sous-Préfecture, l'Evêché et le beau Palais de l'Hôtel de Ville (voir son salon). Aoste est admirablement située pour être le quartier général de nombreuses et intéressantes excursions, aussi elle est siège d'une Section du Club Alpin Italien dont les salles à l'Hôtel de Ville, renfermant un petit Musée zoologique et minéralogique, une bibliothéque et une collection de panoramas, photographies, cartes, etc., sont ouvertes à tous les Touristes. La Section d'Aoste du C. A. I. est des plus anciennes et des plus actives. Son Président Mr. l'Avt. Chev. Defey et les membres de la Direction se font toujours un grand plaisir d'être utiles à tous ceux qui veulent bien visiter les environs ou la partie supérieure de la Vallée d'Aoste. — Aoste possede un Cercle Social et un Comice Agricole très actif.

(1) Pour de plus amples détails consulter les ouvrages de Chev. Promis; la Vallée d'Aoste par le Chev. E. Aubert; et le guide de la Vallée d'Aoste par Mr. l'abbé Gorret et M. le Baron Bich.

Excursions, passages **Ascensions** Indication de la course	Combien dure la course en heures	Hauteur en mètres	Tarifs — Guides: allée ou retour	Tarifs — Guides: allée et retour	Tarifs — Guides avec mulet: allée ou retour	Tarifs — Guides avec mulet: allée et retour	Porteurs	Observations et Indications
D'AOSTE Promenade aux châteaux d' **Aymavilles**, **Châtel Argent**, **Château de Sarre**, et à **Silloë**.	10							On sort au midi de la Ville pour traverser la Doire Baltée au Pont Suaz, en passant près de la moraine dite *de Gargantua* et au village de *Gressan* où est né St. Anselme, puis à la Chapelle de *Ste. Magdeleine* jusqu'à *Jovençan*. De là on descend pour arriver à une tour antique où se trouvent, selon Gorret, les ruines de la Cité de Cordèle (nom de l'ancienne Capitale des Salasses). En remontant un peu vers le Sud-Ovest on arrive au Château d'Aymavilles. — Belle vue sur la Ville et la Vallée. Visiter l' Eglise, le Souterrain de St. Léger d'Aymavilles et l'aqueduc romain.
Châtel Argent. . . .								On arrive à *Châtel Argent* en passant près de l'ancienne église de Villeneuve. On y battait monnaie ; cest de là que vient son nom. Si nous ne voulons pas visiter la tour d'Introd, la tour de *Colin* et les deux châteaux de St. Pierre renouvellés sur le style ancien par Mr. Bollati, baron de St-Pierre, replions sur *Sarre* pour faire une visite à la résidence de chasse du feu Roi Victor Emmanuel.
Château de Sarre.								Le château de Sarre, posé sur une colline toute vignobles et dominant la route provinciale est un bâtiment long, flanqué de deux ailes, et au milieu duquel s'éleve une tour carrée à créneaux. L'ensemble de la construction qui, du reste n'a rien qui excite l'admiration, repose sur une large terrasse soutenue par des arcades élancées. Du haut de la tour on jouit d'une vue merveilleuse. La maison forte de Sarre a été bâtie en 1242 par Jacques de Bard, seigneur de Sarre et de Chezallet. En 1708 Jean François Ferrod, baron de Sarre, le rebatit en gardant

Excursions, passages **Ascensions** Indication de la course	Combien dure la course en heures	Hauteur en mètres	Tarifs — Guides: allée ou retour	Tarifs — Guides: allée et retour	Tarifs — Guides avec mulet: allée ou retour	Tarifs — Guides avec mulet: allée et retour	Porteurs	Observations et Indications
								seulement la tour. Victor Emanuel II l'acheta en 1869 pour en faire son quartier général pour les chasses de Cogne et de Valsavaranche, et il fit élever la tour de 10 mètres. La Reine d'Italie, nôtre gracieuse Margherita, y passa un mois en 1880. Le grand salon, tout orné des cornes et des crânes des chamois et des bouquetins tués par le Roi Chasseur, mérite d'être visité.
Silloë								Depuis Sarre, en demie heure, on arrive à Silloë gorge pittoresque près de Pont d'Avisod et l'on retourne à Aoste.
ASCENSIONS								
Becca di Nona (Pic Carrel). Par Charvensod, la Chapelle de Ste. Colombe, l'Ermitage de St. Grat, les Châlets de Comboë, le Gros-Cez (Roc), la Grotte de la Providence et par un sentier rocailleux au sommet	10	3165		12	16	20	10	Vue vraiment magnifique sur toute la chaine des Alpes et sur la Vallée. — Voir « les Alpes Pennines dans un jour soit panorama boréal de la Becca de Nona depuis le Mont Blanc jusqu'au Mont Rose » par G. Carrel ch. Aoste 1855. Impr. D. Lyboz. — Pas difficile du tout. On monte à dos de mulet jusqu'à la cime; recommandable aux dames. Le 19 septembre 1878, sur le col entre le Pic Carrel *(Becca de Nona)* et le Mont Emilius, à été inauguré, par les soins de la Section d'Aoste du C. A. I. une cabane-refuge. On l'à nommée *Cabane Budden* en l'honneur de l'apôtre anglais de l'alpinisme en Italie. — Un guide suffit.

Excursions, passages **Ascensions** Indication de la course	Combien dure la course en heures	Hauteur en mètres	Tarifs — Guides — allée ou retour	Tarifs — Guides — allée et retour	Tarifs — Guides avec mulet — allée ou retour	Tarifs — Guides avec mulet — allée et retour	Porteurs	Observations et Indications
ASCENSIONS (Suite)								
Mont Emilius. — La course étant assez longue on conseille de la diviser en deux jours. Le tarif est pour 2 jours	14	3393		20			20	On peut passer la nuit au *Châlet Comboë* (s'adresser un jour d'avance au portier du Club Alpin ou aux hôteliers pour avoir la clef du châlet), de là on suit la Vallée qui longe le côté sud de la Becca de Nona jusqu'au *Châlet d'Arbole* (2498 m.) On continue en montant sur un petit glacier ves le *Mont Emilius* et par un escarpement de rochers et une arête jusqu'au sommet. Une route plus directe à été découverte en 1875 par M. G. Corona et Edouard Defey. Au lieu de monter à droite pour arriver au glacier, on tourne à gauche en traversant la masse de détritus qui entoure le *Lac d'Arbole;* et on grimpe ensuite en droite ligne au Pic Emilius. Cette nouvelle route à été appelée *Passage Corona* par la Section d'Aoste. Le panorama du Mont Emilius est supérieur à celui de la *Becca de Nona.*
Signal Sismonda . .	7	2346		8		12	6	Entre Chamolé at Comboë sur l'arête de séparation. Mr. le Chanoine Carrel lui a donné le nom de son ami l'illustre naturaliste piémontais Sismonda.
Mont des Lores et de la **Grande Roise.**								Ces deux pics se trouvent entre St. Marcel et Brissogne. Ascension faite le 17 Juillet 1875 par M. M. Albin Lucat et Ange Decaroli de la Section d'Aoste, en compagnie du guide Jean Antoine Carrel de Valtournanche. Il faut avoir la corde et un bon guide.
Mont Fallet ou **Falléré** par les Châlets de Sarre.	10			10			6	Ce pic domine la Vallée d'Aoste et le Valpelline. La Section d'Aoste du C. A. I. se propose d'y établir une cabane-refuge. Cette excursion est peu connue et fort recommandée aux Touristes.

EXCURSIONS, PASSAGES **Ascensions** INDICATION DE LA COURSE	Combien dure la course en heures	Hauteur en mètres	Tarifs — Guides allée ou retour	Tarifs — Guides allée et retour	Tarifs — Guides avec mulet allée ou retour	Tarifs — Guides avec mulet allée et retour	Porteurs
ASCENSIONS (Suite)							
Mont Vion par Roisan	8			8			
D'AOSTE à Cogne par les cols du Drink ou de la Valette. (Voir Station de Cogne, pages 94)							
D'AOSTE à Courmayeur (km. 34,50) (grande route)							
St. Pierre							

OBSERVATIONS ET INDICATIONS

DANS LA VALPELLINE.

Ce pic est située au Nord-Est de la Ville. Vue superbe, pente aride; pas de difficulté.

D'**Aoste** le Touriste peut entreprendre de charmantes excursions dans le Valpelline, aux Mines d'Ollomont, à Bionaz et au centre alpestre de *Prazrayé* et faire les ascensions du Mont Avril (3341 m.) du Mont Gelé (3517 m.), qui donne la vue sur la Val de Bagnes en Suisse. Voir « Guide de la Vallée d'Aoste » par M. l'abbé Gorret et M. le baron Bich. (V. page 39).

Guides à pied et à mulet. Pour les ascensions indiquées, le voyageur peut trouver des guides au village de *Charvensod;* s'adresser d'avance aux hôtelliers et au portier du Club Alpin. On recommande les guides Comé Gregoire et Comé Augustin qui connaissent bien ces localités. Si l'on a besoin du mulet s'adresser à Borbey Joseph du vivant Gilles, jeune homme très honnête et complaisant.

En sortant de la Ville on passe devant *Montfleury*, construction bizarre appartenante à M. le Baron Bich, un des auteurs du « Guide de la Vallée d'Aoste » et ancien Président de la Section d'Aoste du C. A. I. On remarque plus loin une grande ferme ou existait autrefois le beau clocher de Sainte Hélène faisant partie, dit on, de l'ancien couvent des Templiers. De là on arrive au village de *Saint Pierre.* Sur un rocher, tout près de Saint Pierre s'élève un vieux château habité anciennement par le baron *Roncas*, actuellement propriété de M. le Baron Bollati qui l'a acheté de la famille Gerbore et l'a renouvellé. On jouit d'une superbe vue de l'élégante *Grivola*. Au dessous de la bourgade, se trouve le château de l'ancienne maison Sarriod De La Tour. Saint Pierre produit un vin très renommé dit *Torret.*

Excursions, passages **Ascensions** Indication de la course	Combien dure la course en heures	Hauteur en mètres	Tarifs — Guides: allée ou retour	Tarifs — Guides: allée et retour	Tarifs — Guides avec mulet: allée ou retour	Tarifs — Guides avec mulet: allée et retour	Porteurs	Observations et Indications
D'AOSTE à Courmayeur (Suite)								
Villeneuve								Fonderie de fer de la mine de Cogne, à gauche de la quelle on voit le chemin qui conduit à Valsavaranche (centre des chasses aux bouquetins du feu Roi Victor Emmanuel).
Arvier (Château d'Arvier)								Renommé pour ses eccellents vins dit de l'Enfer. Ce château appartenait à la maison La Mothe.
Léverogne (Sentier pour Valgrisanche)....								Centre de nombreuses ascensions et excursions (Auberge). Près du pont, gorge profonde digne d'être visitée.
Avise (Pierre Taillée).								Sur la rive opposée, au fond d'un ravin. Résidence des ancies barons; de là on arrive au célèbre passage de Pierre Taillée défendu autrefois par un pont levis et quelques fortifications. — Près du pont, le voyageur aperçoit pour la première fois le Mont Blanc dans toute sa beauté.
La Salle								On passe devant les magnifiques cascades de Derby provenantes du grand glacier du Ruitor. Visiter le Château de *Les Cours,* lieu de naissance du Pape Innocent V.
Morgex (Auberges de l'*Ange* et du *Chêne vert*)								Extrême limite de la culture de la vigne.
Pré St. Didier (à 1 h. de Morgex)		1000						
D'AOSTE à **Saint Rhémy** (voitures et chars à bancs 4 heures, à pieds 5 h.) Voir les tarifs de la voiture journalière à page 65.								De St. Rhémy (Douane) à l'**Hospice du Grand St. Bernard** (V. à page 82) à dos de mulet et à pieds en 2 heures. — A l'Hôtel de St. Rhémy mulets, voitures, chars à bancs et l'omnibus journalier. A St Rhémy il y à l'*Hôtel des Alpes Pennines* tenu par Marcoz Napoleon qui vous fournit mulets, voitures, chars à bancs et l'omnibus journalier (Voir Horaire et tarifs à page 65). Prix moderés.

EXCURSIONS, PASSAGES **Ascensions** INDICATION DE LA COURSE	Combien dure la course en heures	Hauteur en mètres	Tarifs — Guides — allée ou retour	Tarifs — Guides — allée et retour	Tarifs — Guides avec mulet — allée ou retour	Tarifs — Guides avec mulet — allée et retour	PORTEURS	OBSERVATIONS ET INDICATIONS
DE ST. RHÉMY								
Passages pour Courmayeur.								
1. Col Serène (Passage court et facile mais très monotone)	9		6	12				Par le village de Bosses et puis au Col (3 h. de sentier mulétier). On descend à Morgex en 4 h. De Morgex à Courmayeur 2 h.
2. Col d'Arteréva (Passage très intéressant et pittoresque. Vue continuelle du Mt. Blanc depuis le Col Dolent jusqu'au Col de la Seigne) .	$7\,^1/_2$		7	14				Par le village de Bosses. Gazon jusqu'au sommet du Col (3 h. $^1/_2$, pas de sentier mais facile). Du Col on descend par les ravins (15 m.) On traversé le Gazon entre les paturages des *Deux Sauts* jusqu'au *Col de Sapin* (2 h.) Descente au village de Villair et à Courmayeur (1 h. $^1/_2$).
3. Col de Bellecombe (les plus court avec une meilleure vue sur la chaine du Mont Blanc que du Col d'Arteréva. Bien recommandable)	$6\,^1/_2$		7	14			6	De la cantine italienne (sur St. Rhémy) on monte par un sentier à faible pente jusqu'au *Col de Saint Rhémy* (1 h.), on traverse un ravin en se tenant un peu à droite et on monte par le nevé bien rapide au *Col de Bellecombe* (30 m.), on descend par l'arête et le couloir au châlet de Bellecombe (45 m.) ou l'on trouve le sentier qui conduit sur la route de Courmayeur (4 h.)
4. Col Fenêtre et **Col Ferret** (Course fatigante et monotone). . .	12		8	16				De la cantine italienne (sur St. Rhémy) on prend le sentier mulétier pour le *Col Fenêtre* (3 h.) Du col, on descend sur le *Pont de Ferret* (1 h. $^1/_2$), on monte au *châlet de Peula* et au *Col de Ferret* (2 h. $^1/_2$). Du Col, par le châlet de *Pré-de-Bard*, on descend à Courmayeur (4 h.)

Excursions, passages **Ascensions** Indication de la course	Combien dure la course en heures	Hauteur en mètres	Tarifs — Guides: allée ou retour	Tarifs — Guides: allée et retour	Tarifs — Guides avec mulet: allée ou retour	Tarifs — Guides avec mulet: allée et retour	Porteurs	Observations et Indications
ASCENSION								
du **Mont Vélan** d. **Etroubles**			30				20	On monte par l'*Alp de Menoure*. on traverse le petit *Vallon de Moutine* et de là sur le *Col d'Annibal* (traces de fortifications) en 4 h. Depuis le Col jusqu'au sommet, voir la course au Vélan.
PASSAGES d'**Aoste** pour **Bourg St. Pierre** (Valais)								
1. Col d'Annibal . .	10			14			12	Par la grande route jusqu'à Etroubles (3 h. de voiture, deux petites Auberges), sentier muletier presque jusqu'à une heure du sommet (4 h.) Depuis le Col, on descend sur le *glacier de Proz* qu'on traverse en 30 m. (le glacier est en plaine) et de là, par le gazon, jusqu'à la *Cantine de Proz* (1 h. ½). De la *Cantine* dans 1 h. on est à Bourg St. Pierre.
2. Col de Menouve (pas fatigant)	12			14			12	En voiture jusqu'à Etroubles. De là au Col 3 h. Dans 2 h. on est à l'embouchure du tunnel qu'on avait commencé de percer entre l'Italie et le Valais (sentier muletier). Dans 1 h. au sommet du col par le gazon. On descend par les ravins jusqu'à la *Cantine de Proz* (2 h.) De là, dans 1 h on est à Bourg Saint Pierre.
3. Col de Valsorey du côté d'**Ollomont** . .	10			20			15	D'Aoste au Col par Ollomont (7 h.) Depuis le Col en 3 h. (1 h. de glacier) on est à Bourg St. Pierre. Course très intéressante entre le Vélan et le Combin qu'on peut monter (Voir a pages 83 et 84). Panorama complet sur les Alpes Graïes. Le premier qui a fait ce Col avec des voyageurs à été Daniel Balley en 1860. On doit faire des marches sur le glacier.

HOSPICE DU GRAND S.T BERNARD (2473 m.)

L'Hospice donne logement et nourriture pour trois jours. Si ou vent faire des offrandes, on les dépose dans le tronc qui se trouve dans l'Eglise à côté du monument au général Dessaix.

Poste. — Saison d'été: 1er Juin, 1er Octobre. Du *côté suisse,* chaque jour excepté le lundi et le mercredi. Du *côté italien,* le mardi, le jeudi et le samedi (toute l'année). D. le 1er Octobre et avant le 1er Juin, du *côté suisse,* la même chose que du *côté italien.* Le R. Chanoine Prieur est chargé du bureau de poste. Il dirige aussi l'observatoire météorologique.

Petites notes. — Visiter la morgue, la bibliothéque et le petit musée. Le R. Chanoine Clavendier tient à disposition des voyageurs des souvenirs de l'hospice: *photographies,* etc.

Excursions. — A la Pointe de la **Chenalette** (2900 mèt.) en 2 h. 1/2. Belle vue sur le Mont Blanc, Grandes Jorasses, Mont Dolent, Tour Noire et les Aiguilles d'Argentiére. On redescend à l'hospice dans 1 h. Excursion peu fatigante et très agréable.

Au **Pain de Sucre,** gracieuse piramide qui sort du glacier d'Angroniettes et qui se miroite dans le lac. On y arrive en 3 h. 1/2. Vue du Mont Blanc et des Alpes Graïes. On redescend en 2 h. Pas difficile.

Au **Mont Mort.** Ascension un peu monotone de 2 h. 1/2. Belle vue sur le Vélan et sur le Combin. On redescend en 1 h. 1/2.

A la **Tour des fous.** Enorme rocher sur le versant italien qui se presente très bien. Le gr mpeur peut s'amuser en l'escaladant mais il ne jouira pas d'une grande vue. On y arrive en 2 h. et on descend en 1 h. 1/2.

Ascensions. — **Mont Vélan** et **Grand Combin.** On conseille à tout alpiniste qui visite, depuis Aoste, l'hospice du Grand Saint Bernard, de faire les ascensions du Vélan et du Combin. Le Combin et le Col de Valsorey se voient de la place d'Aoste et le Vélan, de la route du Grand Saint Bernard entre Gignod et Etroubles. Il suffit d'écrire, quelques jours d'avance depuis Aoste et un jour depuis l'hospice, à Daniel Balley guide à Bourg St. Pierre et de lui donner, pour le Vélan, rendez-vous à la Cantine Suisse et pour le Combin, à l'hôtel *Déjeuner de Napoleon* à Bourg St. Pierre.

1. Au **Mont Vélan.** D. la Cantine au sommet en 7 h. Descente à Bourg St. Pierre par le glacier de Valsorey (2 h. 1/2 de glacier bien facile), en 5 h.

Le **Vélan** à été vaincu pour la prèmière fois sur la fin du siècle passé par Mr. Murith chanoine du Grand Saint Bernard avec deux chasseurs de Bourg Saint Pierre, Pierre Morret et Géorges Genoud. Les mois de Juillet et d'Août sont les meilleurs pour cette course. Cependant elle à été réussie le 16 d'Octobre par le guide Balley avec un prussien. Dans la bonne saison on monte par le rocher du côté du *Col d'Annibal* qui est entre la Suisse et l'Italie et aux pieds de la pyramide du Vélan (5 h. 1/2), après parmi les rochers entre deux couloirs jusqu'à l'*Aiguille de Déjeuner* (moitié route). Depuis là on attaque l'arête jusqu'au sommet (joli et assez vaste plateau sous glace).

D. le fin de l'arête au sommet on y va en 40 m. Vue très étendue sur les Alpes Graïes, Mont Rose, Cervin, etc., Alpes Bernoises (Jungfrau, etc.), Alpes du Dauphiné (les Ecrins, la Meije, etc.), sur toute la chaine du Mont Blanc, qui est en face, et le Grand Combin, qui est tout prés. Dans la saison avancée on monte et descend par le glacier de Valsorey et, si on le veut, on peut descendre sur Aoste à *Ollomont* par le *Col de Valsorey* ou *Col du Chamois* à Ollomont (d. le sommet au col 2 h., d. le col à Ollomont 2 h., total 4 h.) A Ollomont petite auberge chez Rosset. D. Ollomont à Valpelline 1 h. (Hôtel des mines, très petite auberge). D. Valpelline en 2 heures on est à Aoste. Course très facile. Guide 25 fr., porteur 18 fr. Ce passage à été fait pour la prèmiére fois le 14 Août 1864 par le docteur D. J. Abercromby avec Daniel B lley, guide. (Voir Passages d'Aoste pour Bourg St. Pierre à page 80).

2. Au **Grand Combin.** On peut passer par le *Col de maison blanche* (rocher), 5 h. D. le col, on prend par le glacier de Combassière (passage très facile mais dangereux à cause des avalanches de glace), qui arrive jusqu'au sommet (5 h.) Le course n'est pas difficile mais plus intéressante que celle du Vélan. La vue est la même. Si on redescend à Bourg St. Pierre le tarif pour le guide est de 40 fr. et du porteur 30 fr., si on descend dans la Val de Bagne ou donne 50 francs au guide et 36 francs au porteur.

On **passe aussi** par le *Col de Sonadon* (même distance). Ce passage a été fait pour la prèmière fois par Daniel Balley, guide, avec Mr. Dunfert, anglais, en 1874. On suit la vallée jusqu'au châlet de Valsorey (2 h.), de là on se tient sur la droite et, par le *Col de Sonadon*, (on quitte le col à droite) en traversant un petit glacier (4 h.), et puis on avance par les rochers à côté du grand couloir (5 h. de rocher) et, finalement, par l'arête de neige, on arrive au sommet (1 h.)

Troisième passage. Entre les deux, sans toucher le glacier, et on suit toujours l'arête.

On peut déscendre dans le *Val de Bagne* par le *glacier de Combassière* (coucher à l'*Hôtel de Gietroz*). Après le glacier il y à le gazon et il faut remonter pendant 40 m. pour traverser le *Col des Pauvres*. On descend par le *glacier des Otanes*. A la sortie du glacier, on voit l'hôtel.

On peut revenir sur ses pas pour *Bourg St. Pierre* ou par le *Col de Sonadon* et déscendre à *Chermontane* (Val de Bagne) par le glacier du Mont Durand (6 h.)

Le prémier qui à essayé le Grand Combin du côté de Val de Bagne (Chables) à été Mr. William Mattiews en 1857 accompagné par Auguste Simon de Chamounix et de Johan Bruchez de Bagne. Il a touché seulement un des trois sommets. En 1859, le 30 Juillet, Mr. Deville, membre de l'Institut de France avec les guides, frères Daniel, Emmanuel et Gaspard Balley (Gaspard est mort) et de Basile Dorsaz, porteur, y arriva pour le premier. Depuis lors jusqu'au printemps 1882, le guide Daniel Balley l'a monté 29 fois.

VI.

STATION DE COGNE

Hôtels : de la Grivola et Royal

(m. 1545)

Observatoire météorologique tenu par l' abbé J. P. CARREL et fondé par lui en 1865.

NB. Les Hôtels sont assez bons tous les deux, mais l' **Hôtel de la Grivola** est plus récommandable.

Excursions, passages **Ascensions** Indication de la course	Combien dure la course en heures	Hauteur en mètres	Tarifs — Guides: allée ou retour	Tarifs — Guides: allée et retour	Tarifs — Guides avec mulet: allée ou retour	Tarifs — Guides avec mulet: allée et retour	Porteurs	Observations et Indications
D. Aymavilles à Cogne. (Le mulet depuis Aoste coûte 16 fr.). . . .	5	1545			10	20	10	Depuis Aymaville on trouve la route muletière. Après une forte montée l'on est à la Poyaz (830 m.). de là on peut donner un coup d'œil au Gd. Tournalin et au Mont Rose. Puis l'on est enfermé dans le vallon. Après un instant on passe au dessus du pont d'Aël, acqueduc romain, construit deux ans avant J. C. par Aymus et Avilius les fondateurs d'Aymavilles, qui probablement à pris leurs noms. Si l'on veut changer de route et de vallée, à droite d'ici, l'on a un sentier qui, par le Col de Mésoncles, nous conduit à Valsavaranche. Les précipices et les cascades ne manquent pas. Regardez le torrent du sommet de la montée d'Arberio (1000 m.)! Ensuite l'on arrive a Vièyes (1178 mèt.) Ici commence le territoire de Cogne et nous pouvons y avoir du vin, des œufs, du lait et du fromage et jouir du spectacle incomparable de la Grivola. Dix k. nous séparent de Cogne mais la route est meilleure. Sur un rocher énorme on voit la date de sa construction. Tout près il y à la cascade de Lex avec les indications d'une grande avalanche. On laisse à gauche les ruines des fabriques de la *Noura*, et, après quatre fortes heures depuis Aymavilles, l'on est à Epinel (1478 m.) premier hameau de Cogne. En demi-heure on est à Crétaz, autre hameau de Cogne au confluent du torrent de Valnontey et de la *Grande Eyvia* (grande eau) à 1500 m. Après quelques pas on voit Cogne sur le fond d'un magnifique plateau. On y arrive dans une autre demi-heure.

Excursions, passages **Ascensions** Indication de la course	Combien dure la course en heures	Hauteur en mètres	Tarifs — Guides — allée ou retour	Tarifs — Guides — allée et retour	Tarifs — Guides avec mulet — allée ou retour	Tarifs — Guides avec mulet — allée et retour	Porteurs	Observations et Indications
COGNE Capitale des Alpes Graïes, pop. 1022. Bureau thélégraphique pour le service de S. M. le Roi pendant les chasses. GUIDES MM. Jeantet Elisée et Jeantet Venance du village de Crétaz. **La vallée de Cogne** a été illustrée par les anglais Bonney, Tuckett, Mathews, Walton et Nicholls, et par les italiens Ch. Chamonin, prof. Baretti, G. Corona, L. Vescoz, avt. Frassy, abbé Gorret, G. B. Rimini et J. P. Carrel. etc. EXCURSIONS								Coiffure et costume des femmes bien singuliers. — Le type est tout-à-fait différent des habitants des autres vallées. Leur plus grande gourmandisei : sucre et eau-de-vie. Cogne était le siége de la « petite société alpine » née avant le Club Alpin Italien et composée du vénérable Curé Chamonin, du recteur J. P. Carrel et de L. P. Vescoz, aujourd'hui curé de Pont St. Martin. Ils ont publié la « Géographie du pays d'Aoste. » — J. P. Carrel qui est aussi botaniste passionné, implanta à ses frais un observatoire météorologique sur la tour du petit château royal. Il a du ensuite déménager. Nous ésperons que S. M. remettra à sa première place ce savant homme qui a été obligé de transporter ses instruments dans un endroit très peu adapté. — Cogne, disent M. M. Gorret et Bich dans leur « Guide » est « pour les Alpes Graïes ce que Chamonix et Courmayeur, Gressoney et Zermatt sont pour les Alpes Pennines. » Il est dominé par les glaciers du Gd. Paradis et jouit de la vue du Mont Blanc. — Sur Cogne, consulter la monographie de l'abbé Vescoz: *Notices topographiques et historiques sur la Vallée de Cogne*, le *Guide de la Vallée d'Aoste* par MM. Gorret et Bich. — *Studi geologici sul gruppo del Gran Paradiso* par M. Martino Baretti (Roma, Tipi del Salviucci), *Picchi e Burroni* di G. Corona (Torino, Fr. Bocca).
Glacier de Valleille, route royale.	6							
» de Valnontey, route royale.	5							
» du Bardonney, route royale.	7							

Excursions, passages **Ascensions** Indication de la course	Combien dure la course en heures	Hauteur en mètres	Tarifs — Guides: allée ou retour	Tarifs — Guides: allée et retour	Tarifs — Guides avec mulet: allée ou retour	Tarifs — Guides avec mulet: allée et retour	Porteurs	Observations et Indications
Filon de Liconi . . .	3			6				Le guide, pour ces petites excursions n'est pas nécessaire. Quiconque vous enseignera la route. Il forme la source principale et inépuisable du fer de Cogne mais à présent il est presque abandonné. La propriété de tous les filons de la vallée a été accordée à la Commune en 1678 par l'Evêque Bailly d'Aoste au nom de S. A. R. par acte de transaction reçu par Mr. Bollossier Chalemin de Cogne. — Du filon, par un sentier facile, on monte à la pointe de la Craya (3046 m) de laquelle on peut descendre en passant par le châlet de la Taverona.
Lac de Loyes	3	2557		6				On monte par la route du Bardonney et l'on descend par les ravins à côté de la cascade formée par l'eau du lac sur le hâmeau de Lillaz.
Mine d'argent de **Vaieille**	4			6				Humbert III huitième comte de Savoie, donna en 1150 aux évêques d'Aoste et à leur successeurs la moitié de l'argent qu'on y aurait trouvé et les évêques s'en servaient pour la formation des vases sacrés. On dit que la châsse qui contien les restes de St. Grat dans la Cathédrale d'Aoste a été faite avec l'argent de cette mine. La promenade est en plaine.
Gimillian (hâmeau) .	2	1808						On passe sur le pont de la *Tina* qui réunit les hâmeaux de Moline et de Gimillian et qui domine le torrent de Grauson lequel se jette tout droit et furieusement dans la *Grandeire* (Grande eau). — Gimillian contient une cinquantaine de familles. Magnifique vue sur la Vallée. Valnontey se présente d'une manière éblouissante : des grands glaciers, dominés par des pics qui se détachent du ciel azuré, puis deux forêts qui permettent à peine de jeter un coup d'œil sur le hâmeau de Valnontey presque enseveli dans une solitude profonde, finalement le verdoyant plateau de Pré St. Ours avec ses riantes maisons, son hardi clocher et ses ruisseaux argentés. — Au dessus de Gimillian il y a le misérable hâmeau de *Tarabuc*. On vous racontera l'histoire du *Berquet*.

Excursions, passages **Ascensions** Indication de la course	Combien dure la course en heures	Hauteur en mètres	Tarifs — Guides: allée ou retour	Tarifs — Guides: allée et retour	Tarifs — Guides avec mulet: allée ou retour	Tarifs — Guides avec mulet: allée et retour	Porteurs	Observations et Indications
Aux châlets de **Money**	6	3058		6				Sur le versant oriental prés du glacier de Grand Croux; on y va très commodement par la route royale.
Au campement des **Chasses royales** . . .	8	2304		6				Au hâmeau de Valnontey on traverse le torrent et l'on monte à zig-zag par la route royale. Le campement est sur un joli plateau verdoyant traversé par un ruisseau.
Col de l'Herbetet .	12	3307	20				15	Pour Valsavaranche. On s'engage dans le vallon de Valnontey et on suit toujours la route royale jusqu'au sommet des pâturages. Après avoir suivi pour un peu de temps le cours du torrent, qui descend du glacier, on y monte. Des deux cols, qui se présentent à vos yeux, se tenir à celui qui est à droite. — Une fois au Col (6 h.), par le glacier, la moraine et les pâturages, l'on descend à Valsavaranche (1538 mètres). La pauvre auberges jadis tenue par Marmotta a fait place à un autre bien modeste encore, mais ou l'on trouve au moins un peu de bonne volontè. Il n'y a qui deux on trois lits. M. le Curé supplie bien volontiers à leur insuffisance en accueillant au besoin les étrangers sous son toit. Valsavaranche est aux pieds de la Grivola et de Bocconère sur la rive droite de la Savare. Les excursions que l'on peut faire en partant de Valsavaranche sont indiquées dans le Guide Gorret-Bich. Le campement de chasse du Roi Victor Emmanuel est à plus de deux heures du bourg. On y monte à zig-zag à travers la forêt. Long mais facile.
Col de Grand Croux, Col de la Tribulation et **Col Teleccio**	2 jours			70			48	Par le Col de Grand Croux à Noaschetta, retour par le Col de la Tribulation et coucher au châlet de la *Muanda* et puis, par le Col Teleccio (3 h.) et la Tour du Gd. St. Pierre, redescendre à Cogne.

Excursions, passages **Ascensions** Indication de la course	Combien dure la course en heures	Hauteur en mètres	Tarifs — Guides: allée ou retour	Tarifs — Guides: allée et retour	Tarifs — Guides avec mulet: allée ou retour	Tarifs — Guides avec mulet: allée et retour	Porteurs	Observations et Indications
Col de Lauzon . . .	9	3525	8		12			Pour Valsavaranche: par Valnontey sans quitter la route royale des chasses. Sur la route: une carrière d'ardoises. On passe par le campement royal des chasses. Sur le col il y a le poste d'où Victor Emmanuel tirait sur les bouquetins. On descend au châlet de Lévionaz. D'ici partent trois routes. La plus longue est la royale qui passe par le campement de Valsavaranche et qui s'attache à la route communale au hâmeau de Maisonasse. L'on peut descendre directement par la fôret ou par un sentier de chèvres qui est plus rapide et ne présente aucun danger. Sur le col on trouve le *Geum reptans*.
Col de Rayes Noires	10	3400	20				15	Pour Valsavaranche. Il est à droite et pas loin du Col de Lauzon. Il est traversé par les chasseurs.
Col du Drink	10	2572	10				6	Pour Aoste, par Aymavilles ou par Gressan et Charvensod. On descend à Epinel, l'on monte au châlet de Tavaillon et au col par des sentiers assez rapides. Du Col on peut grimper sur le *Pic de la Trombe* (2666 m.) d'ou l'on jouit d'une vue grandiose sur les Alpes Graïes et Pennines (trés recommandé). M. Gorret observe qu'on voit de là les clochers de St. Ours d'Aoste et de St. Ours de Cogne.
Col des Laures . . .	11	3034	20				15	Pour Brissogne: par Grauson, plan des Sèches. On coloye le glacier de Lussert duquel on grimpe par un penible ébonlis jusqu'au Col. La descente se fait sur le glacier et aux lacs des Laures. La tradition veut que ces lacs contiennent des tresors, mais il faut soulever deux grandes pierres, l'une après l'autre... qui sont au milieu du lac supérieur! Qui veut faire l'ascension du *Mont Emilius* doit, par le glacier, remonter sur le Col d'Arboles (2445 m.)
Col Coronas	12		13					Pour St. Marcel. (Voir à la Station de Chatillon; par les châlets de Grauson).

EXCURSIONS, PASSAGES **Ascensions** INDICATION DE LA COURSE	Combien dure la course en heures	Hauteur en mètres	Tarifs: Guides, allée ou retour	Tarifs: Guides, allée et retour	Tarifs: Guides avec mulet, allée ou retour	Tarifs: Guides avec mulet, allée et retour	PORTEURS	OBSERVATIONS ET INDICATIONS
Cols de Ponton et **de Pontonnet**	10	2850	15					Pour Fénis: par les Goilles, le Crêt, le Pianas jusqu'aux châlets de Ponton d'ou l'on voit les Cols. Le premier est à la base de la Tersiva, l'autre aux pieds de la Tour de Ponton. Le Col de Ponton est un peu difficile, l'autre non.
Col du Grand Croux	12	3363	35				20	Pour Noasca. Il est en face de Cogne au fond de la vallée de Valnontey. On gravit la longue moraine, on grimpe au milieu du glacier de Grand Croux (grand creux, bassin, selon Gorret) jusque vers la sommité, l'on tourne un peu à gauche, on traverse la *bergschrund*, on monte en faisant des marches sur le glacier et on est sur le Col. Du côté de Noaschetta l'on descend par le couloir rocailleux, en tournant à gauche, après quelque temps on rencontre une ancienne route de chasse laquelle vous conduit, en descendant rapidement, au hameau de Noasca, sur la route de Cérésole à Locana. Tuckett l'a traversé en 1862 pour la première fois. En Août du 1865, Mrs. Freshtield, Tucker, Backhouse et Carson - A. C. l'on traversé pour la seconde fois avec David Balley et Martelli du C. A. I. pour la troisième en 1874. Le passage est difficile. A Noasca on trouve une cantine où il faut s'adapter. (Visiter la cascade).
Col de Money	11	3448	20				15	Pour le châlet de Telecc'o sur Locana. Par Valnontey jusqu'au pied de la moraine de Grand Croux. Là on grimpe sur l'arête de rochers entre les glaciers de Grand Croux et de Money. Au sommet on entre sur le glacier. Il faut faire attention aux éboulements des glaciers. Au seconde plateau du glacier, l'on prend à droite jusqu'au Col qui est au pied de la pyramide du Grand St. Pierre. La descente sur le Val de Piantonetta est rapide et dangereuse à causes des pierres ruinantes Au fond du premier clapey, une avalanche indique le passage.

Excursions, passages **Ascensions** Indication de la course	Combien dure la course en heures	Hauteur en mètres	Tarifs — Guides: allée ou retour	Tarifs — Guides: allée et retour	Tarifs — Guides avec mule: allée ou retour	Tarifs — Guides avec mule: allée et retour	Porteurs	Observations et Indications
								Dans ce couloir se réunissent les deux passages de Money et de Teleccio. Un sentier vous conduit aux châlets de Teleccio. En longeant le vallon, on arrive à la route de Locana. Passage difficile. *(Gorret et Bich).* Il faudra s'arreter au châlet.
Col de Teleccio. . .	10	3350	20				15	Pour le châlet de Teleccio sur Locana On suit la route communale jusqu'au pont de Champlong qu'on ne traverse pas. On prend le sentier qui conduit aux châlets du Chèleret à l'entrée du vallon de Valeille. On suit la route royale, puis on monte entre le glacier et l'arête jusqu'à un premier plan ou commence le glacier de Valeille. On se lie à la corde de crainte des crevasses et l'on va droit jusqu'au Col avec les plus grandes précautions. Depuis le col, la route est la même que pour le *Col de Money. (Gorret et Bich).* A cinq minutes au dessous du col et en prenant à droite, on peut monter sur la Tour Grand St. Pierre en 3 h.
Col du Bardonney.	9	2960	10					Pour Ronco en Valsoana. On tient la route communale jusqu'en face du village de Lillaz, puis on entre dans la route royale. On monte à l'oratoire de la *Madonina* et l'on continue toujours sur la même route jusqu'au châlet de Bardonney (2226 m.) Un peu loin de là on atteint un petit glacier, puis en tournant à gauche l'on arrive au col. La descente se fait sur un sentier qui conduit au châlet de Lavinetta dans le vallon de Forzo dépendant de la commune du Ronco en Valsoana. Ce col est fort frequenté par les habitants de Valsoana. *(Gorret et Bich).*
Col des Eaux-Rousses ou **du Rancio . . .**		3100						Pour Campiglia. La route précédente jusqu'à l'entrée du vallon du Bardonney; de là, prendre à gauche jusqu'à l'entrée du vallon des Eaux-Rousses; dans le centre du vallon, l'on reprend à droite jusqu'au col. Mrs. Gorret et Bich disent que c'est mieux

Excursions, passages **Ascensions** Indication de la course	Combien dure la course en heures	Hauteur en mètres	Tarifs: Guides, allée ou retour	Tarifs: Guides, allée et retour	Tarifs: Guides avec mulet, allée ou retour	Tarifs: Guides avec mulet, allée et retour
Col de la Nouva . .	8	2947	6			
Col de la Scaletta .		2900?				
Col de Tzasètze ou **de la Valette**.	10	2790	15			
Col Chamonin. . . .	16		40			

Porteurs	Observations et Indications

de quitter la route de chasse aux Goilles et de prendre le sentier à gauche. Et ensuite: Chapelle du Crêt (2017 m.) châlets de Chavanis, Brouillot (2440 m.) L'on traverse le torrent d'Urtier, l'on revient à d oite et l'on entre dans le vallon des Eaux-Rousses. Tout près d'un petit lac, on grimpe par le nevé jusqu'au col. De là l'on descend par des clapeys et des plateaux au châlet de Rancio sur Campglia. Selon la tradition, ce col, était traversé autrefois, par les cadavres des Cogneins qu'on portait à Valsoana. Voir le *plan des morts*.

Pour Camp'glia. Suivre la route précédente jusqu'au Brouillot. Là l'on reprend la route de chasse et l'on se tient à droite par Gratton. Au pied du petit glacier l'on monte entre le glacier et la montagne. Du col, qui est le passage plus court entre Cogne et Campiglia, vue du Mont Blanc. Descendre sur la gauche au châlet de l'Arietta, passer davant le Sanctuarie de St. Besso, s'engager dans la route rapide qui aboutit à Campiglia (mauvaise cantine).

Entre le Col des Eaux-Rousses et celui de la Nouva. L'on passe par le vallon de *Miserinu*.

Pour Aoste. Se porter aux châlets d'Arpisson ou par Epinel, ou par Crétaz, ou par Gimillian. Depuis Arpisson, un sentier à gauche conduit dans 1 heure et quart sur le col couvert de gazon. Pleine vue de la Grivola et de la vallée de Cogne Descendre à Aoste par l'Ermitage de St. Grat (1707 m.)

30 Entre le Grand Paradis et la pointe de Cérésole. Par le vallon de Valnontey jusqu'aux pieds des glaciers de la Tribulation et du Tzasset. On atteint la paroi des rochers qui supporte le plan de la Tribulation et on entre sur le glacier terriblement impo-

Excursions, passages **Ascensions** Indication de la course	Combien dure la course en heures	Hauteur *en mètres*	Tarifs — Guides — allée ou retour	Tarifs — Guides — allée et retour	Tarifs — Guides avec mulet — allée ou retour	Tarifs — Guides avec mulet — allée et retour	Porteurs	Observations et Indications
								sant qui conduit au col. Une quantité d'énormes crevasses vous font tourner et retourner, on descend dans une crevasse pour remonter et l'on se trouve en pleine mer de glace. On va jusqu'à la dépression de la montagne entre la Tête de la Tribulation et la pointe de Cérésole, on contourne la base Nord de la pointe de Cérésole toujours sur la glace et quand la glace cesse brusquement, l'on est sur le col et l'on domine Val d'Orco. De là on peut monter facilement sur la pointe de Cérésole. Le col s'étend pour 500 m. environ jusqu'au pied de la *Cresta Gastaldi* ainsi baptisée par Mr. Baretti. On descend à gauche pour une centaine de mètres et puis à droite, on prend par le couloir, on fait le tour d'une dent qui le limite et l'on saute du haut du rocher sur le glacier de Noaschetta, on le traverse jusqu'au Col du Gd. Paradis, on descend par le glacier de Moncorvé, a Pont, Valsavaranche. Le col à été baptisée en honneur de l'intrépide et vénérable curé de Cogne par Mr. Baretti qui l'a découvert et passé pour le premier le 31 Août 1867 avec les guides Castagneri Antoine et Jeantet Venance. La course a duré 18 h. (Voir: *Per rupi e ghiacci*, par Mr. Baretti, à page 60).
ASCENSIONS								
Pointe du Pousset.	9	3275		8				Située à la base de la Grivola. Par le pont de Crétaz, sans le traverser, prendre le sentier à gauche, traverser un petit pont en bois et suivre le pénible sentier qui conduit peu à peu aux châlets des *Ours dessous*, *moyens* et *dessus* (2055 m.) d'où l'on voit Cogne si bien. Un peu plus haut se montrent les *Grandes Jorasses*, l'*Aiguille Verte* et la *Dent du Géant*. On franchit une crête et l'on est aux *Poussets dessous* (2275 m.) Le Pousset avec son corp noir et sa tête pointue vous pousse (!) aux *Poussets dessous* (2556 m.) signalés par une croix au milieu d'un

Excursions, passages **Ascensions** Indication de la course	Combien dure la course en heures	Hauteur en mètres	Tarifs — Guides — allée ou retour	allée et retour	Guides avec mulet — allée ou retour	allée et retour	Porteurs	Observations et Indications
								plateau verdoyant. On passe une pente bien rapide jusque sur l'arête. De là l'on jouit d'une vue merveilleusement belle. Le glacier de Trajo est aux pieds, autour une phalange de géants depuis le Cervin jusqu'au Blanc et la superbe pyramide de la Grivola est au milieu! En 1872 on pensa de construire une petite cabane sur ce belvédère mais ensuite le projet est tombé. Je recommande à la Section d'Aoste, qui presque chaque année ouvre des refuges sur ses belles montagnes, de le reprendre. De l'arête, on grimpe sur l'étroite pointe du Pousset. Vous y verrez presque certainement ou des chamois ou des bouquetins.
La Grivola	16	3904? 4011?		40			50	Même route que pour le Pousset jusqu'à l'arête. La course étant assez longue on est presque obligé de passer la nuit aux chalets des *Poussets dessus* mais ils sont si sales que . . . Depuis l'arête l'on descend transversalement le contrefort jusque sur le glacier de Trajo qui sert de trajet pour arriver à la pyramide à laquelle on va tout droit. Il faut se lier à la corde. On attaque ordinairement la montagne par le couloir du centre. On surpasse la crevasse terminale du glacier *(bergschrund)* et l'on grimpe sur les rochers en se tenant à gauche pour éviter les pierres roulantes. Une fois arrivé presque au sommet on tourne à droite et on gagne le sommet par l'arête. Toutes les Alpes, depuis les colosses de la Valtelline jusqu'au Viso, et la plaine immense du Piémont et de la Lombardie, vous font oublier la montée bien fatigante quoique non difficile. En cinq heures l'on peut descendre à Cogne. Le chanoine Chamonin de Cogne a été le premier à y monter. Vinrent ensuite Mrs. Baretti, Gorret, Marinelli, Isaia, Martelli, J. P. Carrel, etc., etc. Mr. Corona, avec les braves guides J. J. Maquignaz et J. A. Carrel, a été sur la Grivola le 20 Avril 1875; il a trouvé sur le gla-

Excursions, passages **Ascensions** Indication de la course	Combien dure la course en heures	Hauteur en mètres	Tarifs — Guides: allée ou retour	Tarifs — Guides: allée et retour	Tarifs — Guides avec mulet: allée ou retour	Tarifs — Guides avec mulet: allée et retour	Porteurs	Observations et Indications
								ciers de Trajo (3200 m.) la *desoria glacialis* et aux *Poussets dessus* (2530 m.) la *desoria nivalis;* qui sont les puces des neiges et des glaciers, sautantes comme celles de la plaine, mais tout-à-fait inoffensives. (Voir: *Picchi e Burroni*, de G. Corona, page 220 et suivantes).
Pointe de l'Herbetet	15	4000		35			25	Même route que le Col de l'Herbetet (Voir). Depuis le col, on attaque la montagne par l'arête, puis on tourne un peu vers Valsavaranche en faisant des marches sur la glace. Mr. Gorret dit: « Cette ascension présente de sérieuses difficultés, il faut la corde, la hache et un guide exercé. »
La Tersiva.	12	3538		20			15	On passe par le village de Lillaz qui est au fond de la vallée, on monte par un sentier assez bon à la chapelle du Crêt et l'on monte toujours en dominant les châlets de Chavanis jusqu'à la longue arête qui se rattache à la pointe de la Tersiva. L'arête est assez rude et surplombe les précipices. On grimpe sur un grand rocher assez difficile, puis la montée devient un peu plus facile. Finalement la cime neigeuse est sous vos pieds. Le panorama est très beau et très étendu. Mrs. Gorret et Bich donnent un autre itineraire: on traverse le torrent d'Urtier au Nord-Est de Cogne sur le pont de la Tina, on monte à la chapelle de N. D. de Pitié, on quitte la route de Gimillian, l'on monte un peu, on rejoint la route de Grauson, on traverse le bassin des châlets de l'*Écloseur*, on donne la tour sur la montagne au-dessus des châlets de Pila et l'on arrive aux châlets de Grauson. On continue la route au levant, on passe le pont et les châlets de Pralogna et des *Errillières*, l'on se dirige un peu à droite, l'on traverse le bout du glacier du Thessonet et l'on arrive à l'arête qui conduit à la cime.

Excursions, passages **Ascensions** Indication de la course	Combien dure la course en heures	Hauteur en mètres	Tarifs — Guides allée ou retour	Tarifs — Guides allée et retour	Tarifs — Guides avec mulet allée ou retour	Tarifs — Guides avec mulet allée et retour	Porteurs	Observations et Indications
Pointe Garin	8	3447		8				Suivre la route précédente (itinéraire Bich et Gorret) jusqu'à Grauson, contourner la Tour de Grauson à gauche, arriver à Chaz-Fleuria, monter droit jusque à la sommité par des clapeys et des rochers faciles. Descendre entre le pic Garin et la Tour de Grauson, par le glacier et les lacs de Lussert, aux châlets de Grauson.
La Lavina	12	3300		20			15	La même route que pour le Col *des Eaux-Rousses* ou *du Rancio* (Voir). Depuis le col on prend à droite, par le versant de Campiglia, près de l'arête et dans une heure l'on est au sommet sans difficulté.
Tour du Grand St. Pierre. (Si on traverse la pointe de la Tour, le tarif est de 50 fr.)	12			35			25	La même route du *Col de Teleccio* (Voir). Depuis le col, par le second couloir à droite, on monte sur l'arête; de l'on passe du côté de Money et puis en faisant des marches sur la glace, on arrive près du sommet où il n'y a plus que des rochers. Faire bien attention dans la descente au col à cause de l'arête qui souvent est glacée. Mrs. Baretti, Gorret et Carrel, les premiers à l'étudier en 1865, furent, par des contretemps, empechés de parvenir jusqu'au sommet. En Août du 1866 Mrs. D. W. Freshfield, C. C. Tucher, J. H. Bachkouse et T. H. Carson y arrivérent pour la première fois avec D. Balley. Le guide Balley y est remonté avec Mr. Utterson Kelso en Août 1875. Depuis, on l'a monté plus frequemment. Mr. Baretti le gagna en 1874 avec M. Vaccarone. La première ascension du côté du Teleccio (Vallon de Piantonnet dans la vallée de l'Orco) en passant par la paroi méridionale de la Tour, a été faite par Mr. Vaccarone avec J. J. Maquignaz à la fin d'Août 1878.

EXCURSIONS, PASSAGES **Ascensions** INDICATION DE LA COURSE	Combien dure la course en heures	Hauteur en mètres	Tarifs — GUIDES: allée ou retour	Tarifs — GUIDES: allée et retour	Tarifs — GUIDES avec mulet: allée ou retour	Tarifs — GUIDES avec mulet: allée et retour	PORTEURS	OBSERVATIONS ET INDICATIONS
Pointe Budden . . .	18	3674						Aller jusqu'au pied du glacier de l'Herbetet, à l'endroit nommé le *Paradis des bouquetins* (Voir la route pour le Col de l'Herbetet). Au lieu de continuer à l'ouest par le glacier de l'Herbetet, prendre à gauche, surpasser la petite arête qui sépare le glacier de l'Herbetet du glacier de Tzasset et descendre sur ce dermier (6 h. d. Cogne). De là on domine les *sèracs* et l'on voit le commencement de la grande corniche de roches qu'on appelle la *Grande Serre* et qui soutient le glacier de Tzasset et domine le *plan de la Tribulation.* La pointe Budden est un des deux points culminants de cette corniche. En évitant les nombreuses crevasses, l'on passe au pied de la pointe de l'Herbetet et l'on arrive ap pied de la pointe Budden. Un col sépare les deux élevations (3619 m.). Mr. Baretti le croit accessible et l'appela *Col Bouncy.* Il ne vous reste plus qu'à escalader la *pointe Budden* qui ressemble à un château en ruine et qui offre une montée vertigineuse. La pointe est divisée en cinq pics aigus (3678 m.) Mr. Baretti l'a montée pour la première fois le 13 Septembre 1875 avec les guides Élisée et Venance Jeantet de Cogne et l'a dediée à l'ardent et infatigable apôtre anglais de l'alpinisme italien. (Voir « *Per rupi e ghiacci* » par Mr. Baretti. Turin, 1876).
Bec au midi de la **Tribulation**		3300?						Réussi en 1875 pour la premiére fois par l'avocat Vaccarone du côté du vallon de la Losa sur Noaschetta. Arrivé par le glacier, un peu plus haut que le Col de la Tribulation, il a été obligé de tourner au nord-ouest pour trouver le côté accessible. En deux heures d'escalade vertigineuse, il arriva au sommet. Il le descendit par la face nord-est. (Voir « Guida-Itinerario per le valli dell' Orco, di Soana e di Chiusella » F. Casanova, Torino).

Excursions, passages **Ascensions** Indication de la course	Combien dure la course en heures	Hauteur en mètres	Tarifs — Guides: allée ou retour	Tarifs — Guides: allée et retour	Tarifs — Guides avec mulet: allée ou retour	Tarifs — Guides avec mulet: allée et retour	Porteurs	Observations et Indications
Pointe de Gay . . .	16	3787	30				25	A pic sur les deux glaciers du Gd. Croux. On passe par le Col Grand Croux (Voir), on en suit l'arête jusqu'à la base de la pointe, l'on descend un peu à sud et on attaque le dos de l'arête qui descend vers Noaschetta. On surpasse cette arête et, en prenant au nord le glacier, l'on arrive au sommet. Cette ascension à été réussie en 1875 par l'avt. Vaccarone. (Voir « Guida-Itinerario, ecc. »)
Pointe de Cérésole	15	3650?	35				30	Du côté de Noaschetta, versant sud-ouest. Montée pour la première fois en 1874 par Mr. A. E. Martelli avec les guides Jean Joseph Maquignaz et Salomon Meynet de Valtournanche. Trois jours après y arrivèrent, par le versant sud-est, Mrs Baretti et Barale avec les trois frères Castagneri pour guides. (Voir « Per rupi e ghiacci » par Mr. Baretti). Difficile.
Rossa Viva Ouest.	20			30			40	Du côté de Cogne. Mr. A. E. Martelli y a été pour le premier en Août 1874 avec les guides J. J. Maquignaz et Salomon Meynet. Voici son itinéraire: vallon de Valnontey, bord oriental du glacier de Grand Croux, face septentrionale de la pyramide. Mr. Martelli a trouvé sur la sommité un petit lac glacé. (Voir « Guide » Gorret et Bich, et « Guide » Vaccarone-Nigra). Difficile. Mr. Martelli a réussi aussi la Rossa Viva Est.
Grand Paradis . . .		4178	60				40	Cette pointe — la plus haute qui soit complètement italienne — donne son nom à une des trois divisions des Alpes Graïes (Graie). L'Orco et la Doire Baltée la limitent. Elle est entre le 45°, 27', 30", et le 45°, 36', 35" de latitude nord et entre 0°, 15', et 0°, 34' de longitude occidentale de l'Observatoire de Turin. Elle a une longueur de 28 km. environ et une largeur de 20,74. Mr. Baretti, en alpiniste distingué et en savant géologue, a publié sur ce massif une monographie scientifique de la plus haute importance

Excursions, passages **Ascensions** Indication de la course	Combien dure la course en heures	Hauteur en mètres	Tarifs — Guides: allée ou retour	Tarifs — Guides: allée et retour	Tarifs — Guides avec mulet: allée ou retour	Tarifs — Guides avec mulet: allée et retour	Porteurs	Observations et Indications
Gd. Paradis (Suite)								« Studi geologici sul gruppo del Gran Paradiso, per Martino Baretti. Roma, coi tipi del Salviucci, 1877. » Mrs. Cowel et Douglas le gagnèrent du côté de Valsavaranche. Le 5 d'Août 1869 l'avocat P. J. Frassy d'Aoste le réussit du côté de Cogne. (Voir sa très intéressante relation. « Nouvelle ascension du Grand Paradis, etc. » Torino, Tip. G. Candeletti, 1870). En 1875 Mrs. Vaccarone et Granaglia le montèrent du côté de Noaschetta. Les ascensions, depuis Valsavaranche et Cogne, ont été répétés plusieurs fois. Les demoiselles anglaises Ellen et Anna Pigeon, les intrépides grimpeuses, l'ont vaincu elles aussi. Voici l'itinéraire indiqué par Mrs. Gorret et Bich dans leur « Guide de la Vallée d'Aoste »: par le vallon de Valnontey (route royale) jusqu'au pied du glacier de Grand Croux, de là on prend à droite par le glacier et les rochers, on traverse le grand plan de la Tribulation jusqu'au pied du dernier mamelon dont le ascension est difficile et nécessite, tout le long, l'emploi de la hache.

PASSAGES

ENTRE LA VALGRISANCHE ET LA VAL DE TIGNES

1. Col du Mont, par le gazon. Sur le col, traces d'anciennes fortifications (3 h. 1/2). On descend à Ste. Foi *(Hôtel du Mont Pourri)* en 3 h. 1/2. Sentier à pietons, bien facile.

2. Col Gallisé. 2 h. sur le gazon et puis on prend le glacier qui est au pied de la *Granda Parei* (2 h. de glacier), on le quitte à gauche et dans 1 h. on est au sommet (total 5 h.) On descend 1 h. sur le glacier et de là en 2 h. on est à Tignes (2 bonnes auberges).

ENTRE VALGRISANCHE ET N. D. DE RHÊMES.

Col de la Grande Rousse. On va coucher au châlet plus élevé (2 h.) Et puis on marche 3 h. sur le gazon et 2 sur le glacier et on est sur le col. On descend sur des rochers presque perpendiculaires et il faut se suspendre avec la corde. Onze h. de rochers, un petit glacier (20 m.) et dans 1 h., par le sentier, on est à Rhêmes. Course bien difficile. Maquignaz J. J. avec l'abbé A. Gorret y passa pour le premier en 1874, et avec les demoiselles Pigeon et Daniel Balley en Juillet an 1875. — Guide, 50 francs. Porteur, 30 fr.

VII.

STATION
DE
COURMAYEUR

(m. 1215)

La diligence part de Courmayeur chaque jour depuis le 1er Juillet à tout Septembre, avec la poste, à 5 h. de l'aprés midi et arrive à Aoste à 6 h. 20 m. — Coupé (2 places) 9 fr. par place. Impériale 6 fr.

(Diligence inversables, service excellent).

Hôtel de l'Ange avec Casino et Café (Gioachino Humbert). — **Hôtel Royal** (Laurent Bertolini) qui tient l'Hôtel du même nom à St. Remo. — **L'Union** (Joseph Ruffier). — **Mont Blanc** à dix minutes du centre du Bourg, au *Larzay* (tenu par Bochatey).

— **Grand Etablissement hydrotérapique** de M. Michel Tavernier avec appartements dans la maison, inauguré en 1882. Ancienne sourse, dite *Jeanne Baptiste*, d'eau minérale mixte, ferrugineuse-alcaline et gazeuse analisée par Mr. le prof. Fino, trés efficaçe contre l'anemie, chlorose, inflammation chronique et faiblesse d'èstomac, rhumatismes, chroniques, épuisement nerveux, etc. Bain, douches et boisson. — L'hydrothérapie est pratiqué selon les derniéres inventions: bains de vapeurs, etuves seches, bains balsamiques, bains mineralisés, etc.; cabinet d' inhalation. — Le local est grandieux. Chambres, cuisine, pharmacie, salles de lecture et de conversation. Prix moderés. Sous tous les rapports, bien recommandable.

Pour le prix des voitures voir aux Stations de **Châtillon** et d'**Aoste.**

EXCURSIONS, PASSAGES **Ascensions** INDICATION DE LA COURSE	Combien dure la course en heures	Hauteur en mètres	Tarifs: Guides, allée ou retour	Tarifs: Guides, allée et retour	Tarifs: Guides avec mulet, allée ou retour	Tarifs: Guides avec mulet, allée et retour	PORTEURS	OBSERVATIONS ET INDICATIONS
Courmayeur (Curia major)	1215							Etablissement de Bains d'eau sulfureuse à La Saxe. Sources d'eau minérale de la Victoire et de la Marguerite et celle nommée *Jeanne Baptiste* decouverte recemment par Mr. Michel Tavernier qui a bati un magnifique établissement hydroterapique avec tout le confortable. Bourg de 1.200 habitants. Courmayeur est entouré de hautes montagnes, renommé pour sa position alpestre, son bon air, et ses nombreuses excursions. (Pour de plus amples renseignements consulter les ouvrages suivants: *Courmayeur et Pre St. Didier* par le Dr. A. Argentier; Guide de la Vallée d'Aoste par M. l'abbé A. Gorret et par M. le baron Avt. C. Bich; Guida alle acque ed ai bagni di Courmayeur e Pré-St-Didier del dottor Giusta; Western Alpes par J. Ball; Itineraire de la Suisse par Adolphe Joanne. Il Ghiacciaio del Miage par M. Baretti. — Bourrit dans son ouvrage « Nouvelle description des Glaclères et des Glaciers de Savoie 1755 » dit « Je fus extrémement étonné de trouver dans ces montagnes, et chez ces laboureurs et ces bergers que sur deux cents femmes, à peine y en a-t-il trois à quatre qui ne soient pas lettrées, surtouet sortant d'un pays où l'on aurait de la peine à trouver un homme qui sache lire sur cinq cents. C'est pendant les hivers que les femmes, peu occupées et les enfants moins encore, trouvent le temps de s'instruire dans la religion et de joindre à cela d'autres connaissances peu communes aux paysans. » — Il y a une Compagnie de guides avec un Réglement approuvé par la Préfecture de la Province de Turin. Parmi les meilleurs guides on peut citer: *Henri Seraphin, Laurent Proment, Julien Grange, Laurent Lanier, Joseph Rey, Emile Rey, Henry Gratien.* Ces braves guides ont fait des ascensions de premier ordre, telles que le Mont Cervin, le Mont Blanc, le Mont Rose, le Grand Paradis, Grivola, Grand St Pierre, Grand Combin, Jungfrau, Ruitor, et Pointe d'Ondezana (prés de Cogne). Du reste le voyageur

Excursions, passages **Ascensions** Indication de la course	Combien dure la course en heures	Hauteur en mètres	Tarifs — Guides: allée ou retour	Tarifs — Guides: allée et retour	Tarifs — Guides avec mulet: allée ou retour	Tarifs — Guides avec mulet: allée et retour	Porteurs	Observations et Indications
								peut juger de leur valeur en consultant lui-même leurs livrets. Pour toutes ces courses on peut également se servir de la Compagnie du Guides de Pré St. Didier.
PROMENADES								
Chapelle de Notre-Dame de Guerison dite vulgairement *Chapelle du Berrier*, et **Châlet de Pertud**.	3							Vue sur le magnifique *glacier de la Brenva*. On passe devant les *Bains de la Saxe* et on traverse un *Pont en bois* (Pont des chèvres), on se tient à gauche et on arrive à la chapelle (40 m). D. la chapelle en 5 m. on entre dans la forêt de St-Nicolas et en 15 autres m. on est au châlet de *Pertud* au milien de la forêt avec vue splendide sur le glacier de la Brenva. En eté de nombreuses caravanes se réunissent au châlet pour des parties de plaisir.
Au Trou des Romains par le village de **Villair** (à l'entrée de la Vallée du **Col Sapin**) (1 h. pour y aller).	1,30							En continuant la route on voit à gauche le *Mont de la Saxe* et à droite le *Mont Cormet* avec le superbe panorama du Mont Blanc et du bassin de Courmayeur. Ici se trouve la grotte ou *Trou des Romains* qui mérite une visite.
Pré - Saint - Didier par la **Fontaine de la Victoire** (1 h. 15 m. pour y aller).	3							De là on suit un sentier ombragé sur les bords de la Doire jusqu'au village.
Pavillon du Mont Fréty (2 h. 30 m. pour y aller).	4, 30							Construit par quelques guides de Courmayeur. On passe à côté du village et des bains de la *Saxe*, on continue par les villages d'*Entreves* et de la *Palud*, on prend le sentier à gauche en passant par le *châlet de Chappi*, on monte dans la forêt jusqu'au Pavillon. Vue magnifique sur les *Alpes Graïes*, sur le *Ruitor*, *Combin*, *Mont Favre*, *Mont Cormet*, *Grande Rochère*, etc. Station de nuit pour la traversée du *Col du Geant* (3,412 m) et l'*Aiguille du midi* 3,843 mètres.)
EXCURSIONS								
Mont de Saxe par les Bains de la Saxe, passage plus long et plus commode dans la *Vallée de Ferret* (3 h.), ou par le *Villair* et le châlet de *Pré* (2 h. 30 m.).	5	2332		6		12		Fort belle vue sur le Mont Blanc, le *Val Ferret*,

Excursions, passages **Ascensions** Indication de la course	Combien dure la course en heures	Hauteur en mètres	Tarifs — Guides: allée ou retour	Tarifs — Guides: allée et retour	Tarifs — Guides avec mulet: allée ou retour	Tarifs — Guides avec mulet: allée et retour	Porteurs	Observations et Indications
								les montagnes du *Grand* et du *Petit Saint Bernard*, le *Col de la Seigne*, *l'Allée Blanche* etc.
Lac Comballes, même chemin que pour le *Châlet de Pertud*. D. là on est au lac en 2 h. . .	6	1760		6		12		On parcourt la magnifique forêt de sapins et de mèlezes dite de St-Nicolas. Le voyageur touche ensuite aux riants *Chalets de Verny*, on arrive à la *Cantine de la Visaille* (quelques lits et de quoi se restaurer) et, après avoir traversé la Doire, on longe la moraine du *glacier du Miage* et on arrive au *lac Comballes* appelé aussi de l'*Allée blanche* ou l'on trouve des traces d'anciennes fortifications.
Mont Chétif. On peut aller avec le mulet jusqu'à 40 min du sommet.	3			6		8		On passe par le village de Dollone, les châlets de Chécruit, on tourne à droite, on entre dans le fôret et on est au sommet après 2 h. 30 m. de course. Vue générale du bassin de *Courmayeur*, des vallées de *Veny* et de *Ferret* et de toute la chaine du *Mont Blanc* jusqu'aux *Grandes Jorasses*.
Col du Géant et ascension de la **Vierge** (si on passe la nuit au *Pavillon* du *Mont Fréty*, le tàrif est de 20 fr.) L'ascension de la Vierge, de la quelle on jouit d'une vue plus compléte sur le massif du Mont Blanc, se fait en 1⁄2 h. depuis le Col.	12	3362		13		7	10	Même route que pour le pavillon du Mont Frety jusqu'au pavillon, depuis là, par un sentier à mulet jusqu'au pied du rocher à l'endroit dit *la Porte* (le mulet 7 fr. même si on le retient pour le retour pourvu que ça soit dans la journeé, dans 1 h. On quitte le mulet et, par le rocher en 2 h. on arrive au sommet (Cabane en bois, ou l'on peut faire du feu, installée par les soins de la Section d'Aoste du C. A. I. von se propose d'en construire une plus grande avec dortoir et cuisine). Du Col grande vue sur le *Mont Blanc, Mont Rose, Cervin. Dent Blanche, Grande Combin, Alpes Graïes, du Dauphiné* et de la *Morienne*. On redescend à Courmayeur.
Mont Favre ou **Berrier-Blanc** (si on passe la nuit dehors, le tarif est de 30 francs)	14			20				Même route que pour le *lac de Comballes*. De là

Excursions, passages **Ascensions** Indication de la course	Combien dure la course en heures	Hauteur en mètres	Tarifs — Guides — allée ou retour	Tarifs — Guides — allée et retour	Tarifs — Guides avec mulet — allée ou retour	Tarifs — Guides avec mulet — allée et retour	Porteurs	Observations et Indications
EXCURSIONS (Suite)								on traverse le pont sur la digue du lac et, par un sentier à gauche qui conduit *au châlet de l'Alp Vieille* et au *Baraccon* (ancienne fortification), on descend un peu dans la *Vallée de Chavanne* pour arriver au pied du *Mont Favre*. On le monte par les rochers et le gazon en 4 h. environ. La descente à Courmayeur, on peut la faire du côté de *la Combe de Youla* et sur le *châlet de l'Alp*. Se l'on veut réussir cette course dans un jour, il faut partir de très bon matin et bien marcher. C'est beaucoup mieux de la faire en deux jours en passant la nuit au *châlet du Berrier Blanc* (une chambre et du lait) ed alors le tarif est de 30 fr. au lieu de 20 fr.
Grande Rochère (si on passe la nuit dehors, le tarif est de 30 fr.) . .	14			20				On passe par *le Col Sapin* et de là on continue jusqu'au *Col de Pichen* (4 h.), on descend, on prend à gauche et l'on monte sur l'arête qui va droit au sommet (4 h.). Vue très étendue sur la chaine du *Mont Blanc*, sur le Grand Combin (qui est tout prés) et les Alpes Graïes. Si on passe la nuit dehors, on peut coucher aux *châlets de Chambave* sur *Morges* ou à celui de *Pianaval* sur *La Salle*.
Mont Cormet (situé à l'Ouest de Courmayeur) (4 h. pour y arriver) . .	7	3330		8		12		Au milieu d'une chaine de montagnes dont le pic le plus elevé est la *Grande Rochère* (2700 mètres environ. Escursion très recommandée, mais peu connue. V. « Western Alpes » de John Ball. Le mulet va jusqu'au *Châlet de Tirecorne* qui est au sommet de la foret. Si on le renvoie, on ne paye que 6 fr.
Le **Crammont** (par Pré-Saint-Didier et le hâmeau des Chantons) . . .	8	2708		8		12		On passe par Pré-S.-Didier et au bout d'une heure, quittant la route du Petit S. Bernard, on prend un sentier à droite qui traverse une forêt et de là au hâmeau de *Quedro* (30 m.) et depuis là, par des champs et des paturages, on arrive au dernier châlet dit *des Chantons* (30 m.). La montée devient ensuite assez rapide, mais le touriste peut aller à dos de mulet jusqu'au gracieux pavillon composé de

EXCURSIONS, PASSAGES **Ascensions** INDICATION DE LA COURSE	Combien dure la course en heures	Hauteur en mètres	Tarifs — Guides: allée ou retour	Tarifs — Guides: allée et retour	Tarifs — Guides avec mulet: allée ou retour	Tarifs — Guides avec mulet: allée et retour	PORTEURS	OBSERVATIONS ET INDICATIONS
								deux pieces erigé par la Section d'Aoste du C. A. I. Du sommet l'œil embrasse un superbe panorama. — On voit les glaciers *du Miage* et de la *Brenva*, le *Col du Géant*, les grandes et petites *Jorasses*, les Vallèe *d'Entrèves* et de *Courmayeur*, le *Col Ferret*, le *Col Serena*, les vallées d'Aoste et de Cogne; le *Mont Vélan*, les montagnes du *Grand et du petit S. Bernard*, les vallées d'*Évèra* et de la *Thuile*, on domine l'immense glacier du *Ruitor*, réuni à ceux de *Valgrisanche* et de *Valsavaranche*; le mont *Émilius*, la *Becca de Nona* (Pic Carrel) et la *Grivola*. Le célèbre naturaliste De Saussure a fait deux ascensions au Crammont, la première en 1774 et la deuxième en 1778. Dans son ouvrage sur les Alpes voici comment il en parle: « Les six heures que j'ai passai en deux fois au sommet du Crammont sont certainement celles de ma vie dans lesquelles j'ai gouté les plus grands plaisirs que puissent donner la contemplation et l'étude de la nature. » L'abri sur le Crammont, porte le nom de *Saussure*. Il a été inauguré dans une manière solennelle, le 8 Août 1880. — Il y a une route plus directe mais plus escarpée et un peu plus difficile pour atteindre la cime du Crammont en traversant en ligne droite les bois derrière la fontaine de la Victoire. Des dames l'ont suivie.
COLS et passages pour Chamounix. Excursion de deux à trois jours. Par l'**Allée Blanche**, les **Cols** de la **Seigne** et des **Fours** et par le **Col du Bonhomme**. Tarif: 27 francs pour 2 jours; 30 fr. pour 3 jours retour compris. Avec le mulet même tarif.		3163						Le voyageur peut coucher au Mottet, à Contamines et à Chamounix. Il ne faut pas entreprendre cette excursion par le mauvais temps ni sans guide car l'on pourr it rencontrer la tourmente au sommet du *Col du Bonhomme*. On peut aller aussi à Chamounix par le *Col de Ferret*, Martigny, Tête Noire et Col de la Balme. Coucher à *Orsiere* à l'*Hôtel de la Tête Noire* et à Chamonix. Le tarif est le même que pour le *Col de la Seigne*. Le passage plus direct pour Chamounix a été trouvé M. Martelli du C. A. I. qui l'a nommé *du Tacul*. On y va en 12 h.

Excursions, passages **Ascensions** Indication de la course	Combien dure la course en heures	Hauteur en mètres	**Tarifs** Guides: allée ou retour	allée et retour	Guides avec mulet: allée ou retour	allée et retour	Porteurs	Observations et Indications
Chamounix (campus Munitus). Hotel: *Royal, Impérial, de Saussure, de Londrés*, etc. de 1er ordre. Du *Mont Blanc, Couttet* (bien frequenté par les alpinistes), *France, Rendez-vous des amis. L'Hôtel pension de l'Union et des Clubs alpins* promet des réductions aux membres des Clubs alpins	1025							Fondé en 1000 par les Bénédictins. Joli bourg (2,406 habitants), au pied du Brévent sur la rive droite de l'Arve. Devenu célèbre comme séjour des touristes et point de départ pour les ascensions du Mont Blanc par le versant français. Depuis la première ascension de Jacques Balmat et du Dr. Paccard le 8 Août 1786 jusqu'au 1.er Janvier 1876, c'est à dire dans un intervalle de quatrevingt-dix ans, les registres à Chamounix montrent un total de 631 ascensions (voir les « Fastes du Mont Blanc » par Stephen d'Arve). A la fin de l'année 1878 on a atteint le chiffre de 699 qui augmente toujours et à present a presque touché le millier. Chamounix possède une compagnie considérable de Guides (289) dont quelques un comme Jacques Balmat, Marie Couttet ont obtenu une renommée européenne. Les guides ont un réglement approuvé par les autorités gouvernementales et locales que le voyageur fera bien de consulter.
Col du Mont Tondu.	16			35			20	Par le *Col de la Seigne* (5 h.) on descende au *châlet du Mottet* (auberge) dans 1 h. et, dans 2 h. 30 m. on monte sur le Col en longeant, sur la droite, le petit glacier de Lansette et on descend sur le glacier de Tré-la-tête et au pavillon du même nom (auberge) en 3 h. Dans 1 h. on est à Contamines et, depuis là, on peut descendre a St-Gervais en voiture

EXCURSIONS, PASSAGES **Ascensions** INDICATION DE LA COURSE	Combien dure la course en heures	Hauteur en mètres	Tarifs — Guides — allée ou retour	Tarifs — Guides — allée et retour	Tarifs — Guides avec mulet — allée ou retour	Tarifs — Guides avec mulet — allée et retour	PORTEURS	OBSERVATIONS ET INDICATIONS
								(1 h.) et monter à Chamounix en 3 h. 30 m. Si, par contre, on veut continuer sur la montagne, on prend le *Col de Voza* et en 3 h. on est à l'auberge. En suite on descend aux *Houches* (auberge) dans 1 h. depuis le *Col de Voza*. De là on est à Chamounix dans 2 h.
Col de Tré-la-tête.	18			30			30	Par le *Châlet de l'Allée blanche* (4 h.), on tourne à droite sur le glacier de l'*Allée blanche* (trés crevassé) et en 4 h. on arrive au col. On descend par le glacier de Tré-la-tête au *Pavillon* (4 h.) et de là en 1 h. on est a Contamines. Depuis là, même route que pour le Col du *Mont Tondu*.
Col du Miage	21			50			30	Jusqu'au *lac de Comballe* (voir) et par le *glacier du Miage* au Col (6 h. depuis le lac). Descendre sur le glacier qui vient du *Dôm du Miage*. Une fois hors du glacier, on peut passer le *Col Tricot* (6 h.) et aller coucher au *Pavillon Bellevue* (1 h. 30 m.). De là à Chamounix même route que pour le *Col de Voza* (3 h.).
Col de l'Aiguille du Midi.	14			70			40	Par le pavillon du *Mont Frély* et le *Col du Géant* (6 h.) ; on prend à gauche entre *les Flambeaux* et *la Vierge* longeant la *Vallée Blanche* jusqu'au *Col de l'Aiguille du Midi* (3 h.) qu'on quitte à droite descendant par un couloir. On coupe plusieurs couloirs à droite et on arrive à *Pierre-à-l'Échelle* et en 2 h. on est à *Pierre-Pointue* (auberge). De là ou prend le sentier qui du *glacier des Bossons*, conduit à Chamounix (1 h. 30 m).
Col de Tour Ronde.	16			60			35	Par le *glacier de la Brenva*, ou monte sur le col (glacier trés crevassé) en 10 h. environ. On descend dans la *Vallée Blanche* et on aboutit ou à la route de l'*Aiguille du Midi* ou à celle du *Col du Géant* pour Chamounix (6 h.). Coucher sous un rocher ou à belle etoile.

Excursions, passages **Ascensions** Indication de la course	Combien dure la course en heures	Hauteur en mètres	Tarifs — Guides: allée ou retour	Tarifs — Guides: allée et retour	Tarifs — Guides avec mulet: allée ou retour	Tarifs — Guides avec mulet: allée et retour	Porteurs	Observations et Indications
Col des Grandes Jorasses				70			40	A été fait, pour la première fois par M Middlemore avec Rey Joseph Marie de Courmayeur et un guide bernois. Il ont employé 6 h. pour arriver à la *Cabane des Jorasses*. De là ils sont partis à la pointe du jour et ils sont arrivés à *Montanvert* bien tard dans la nuit.
Col du Triolet et **Aiguille du Triolet** . . .	14			50			30	Par la route de *Val Ferret* jusqu'à un quart d'heure du châlet de *Pré-de-Bard*. Après on prend à gauche, on quitte la route, entre la moraine du *glacier du Triolet* et le rocher, et on arrive à la *Cabane du Triolet* (6 h.). Depuis la *Cabane*, on pourrait passer par les *Cols de Pierre-Joseph* et *Talèfre* (le *Col Talèfre* est au milieu); mais le *Col Triolet*, qui est plus à droite du côté du *Mont Doleat*, est le plus fréquenté. Il présente l'occasion de monter sur l'**Aiguille du Triolet**. On passe la nuit à la Cabane et on fait l'ascension en 6 h. et l'on descend sur le Col dans peu plus d'une heure. Depuis là, on descend sur le *Glacier de Talèfre* en quittant les *Courtes* (Aiguilles) à droite et puis on réjoint la route du *Jardin, Mer-de-glace* et *Montanvert* (7 h.).
Col des Hirondelles entre le *Col de Triolet* et le *Col des Grandes Jorasses*	16			50			30	On suit le *val Ferret* jusqu'au *Châlet de la Vachey*, on tourne à gauche par le *Glacier de Fribouse* pour arriver au Col (8 h). On descend sur le *Glacier des Leschaux* et on réjoint la route du *Col du Triolet* (8 h). On est obligé de passer la nuit à la belle étoile.
Col Dolent	18			50			30	On suit le *Val Ferret* jusqu'au châlet de *Pré-de-Bard* ou l'on peut coucher. De là on monte sur le *Petit Ferret* ou *Grappillon* (5 h) On cotoye à gauche la base du *Mont Dolent* en la longeant jusque sur le Col (6 h.) et on descend sur le *Glacier d'Argentière* (bien long!) pour Argentière (2 hôtels) où l'on arrive en 6 heures. (Voiture pour Chamounix 1 h.).

Excursions, passages **Ascensions** Indication de la course	Combien dure la course en heures	Hauteur en mètres	Tarifs — Guides: allée ou retour	Tarifs — Guides: allée et retour	Tarifs — Guides avec mule: allée ou retour	Tarifs — Guides avec mule: allée et retour	Porteurs	Observations et Indications
Col du Géant (Vers Chamounix) par les Bains de **la Saxe** et le **Pavillon de Mont Frety.** (Voir l'excursion au *Col*)	16	3302		30			30	Du sommet du Col, vue merveilleuse; l'œil embrasse le *Val Ferret, l'Allée Blanche,* le *Crammont;* à l'Est le *Mont Cervin,* la *Dent d'Hérin,* le *Mont Rose,* les pics de la Valpelline, la *Grivola,* le *Grand Paradis, l'Aiguille* de la *Sassière;* et au Sud le *Ruitor,* le *Petit St. Bernard,* l'*Aiguille de Vanois,* le *Mont Pelvoux* en Dauphiné etc. A cet endroit la section d'Aoste du Club Alpin Italien a construit une cabane sur l'emplacement de celle occupée pendant dix jours par M. De Saussure en 1788. L'on descend par les séracs, le Mont Tacul et la Mer de Glace a Chamounix. Cette course est trés *à la mode* mais il faut être à même d'en supporter la fatigue. La première traversée du Col du Géant fut faite par Mons. Ribel en 1757, (v. l'Alpine Journal n. 62 1878).
ASCENSIONS								
Mont Blanc Pour y arriver, on peut passer: 1. par le **Mont Blanc du Tacul** et le **Mont Maudit** (passage découvert par M. M. Louis Maquelin et Moïse Briquet de Genève, le 18 Juillet 1863). 2. par le **Glacier du Dôme** (par Frédéric et G. Brocon, anglais le 25 Juillet 1868). 3. par le **Glacier de la Brenva** (par Moore, Mathews et Walker, anglais, le 15 Juillet 1865. 4. par le **Glacier du Mont Blanc** par Kennedy, anglais, le 2 Juillet 1872	34	4811	100				30	La première tentative d'scalader le Mont Blanc par le versant Italien eut lieu les 30 et 31 Juillet 1855 par Sir James Henry Ramsay, écossais (alors étudiant à l'Université d'Oxford) accompagné de trois guides, Mochet dit Gros, Chabod dit Turin et Joseph Marie Perrod, mais ils s'arrêtérent au dessus du *Mur de la Côte* (v. l'article *Modern Mountaineering* page 14 N. 55 de l'*Alpine Journal*). Pour faciliter la route du Mont Blanc par la route du Mont Tacul et le Mont Maudit, la compagnie des guides de Courmayeur construisit eu 1863 une Cabane entre l'*Aiguille du midi* et le *Mont Blanc du Tacul* (à 3,364 m.) qui fut utilisée, la première fois, par M. M. Maquelin et Briquet. En ce moment la route la plus fréquentée de Courmayeur est celle par le *Glacier du Miage* et le Glacier du Mont Blanc, car en 1873, il y a en 4 ascensions de ce côté, y comprise celle du 4 Août par Madame Albert Millot, accompagnée de son mari. C'est un Ita-

EXCURSIONS, PASSAGES **Ascensions** INDICATION DE LA COURSE	Combien dure la course en heures	Hauteur en mètres	Tarifs — GUIDES — allée ou retour	Tarifs — GUIDES — allée et retour	Tarifs — GUIDES avec mulet — allée ou retour	Tarifs — GUIDES avec mulet — allée et retour	PORTEURS	OBSERVATIONS ET INDICATIONS
(V. le Mont Blanc par Charles Durier — Paris, Librairie Sandoz et Fishbacher).								lien, Cesare Gamba, qui a fait le premier cette ascension, il est redescendu le même jour à Courmayeur, par cette route. (V. Boll. del Club Alpino Italiano N. 22). Pour faciliter l'ascension du Mont Blanc par le glacier du Miage on a construit sous les auspices de le Section d'Aoste du C. A. I., au moyen d'une souscription et avec le concours des guides, un refuge pour les voyageurs, appelé la Cabane de l'*Aiguille Grise* (3185 m); elle a été inaugurée le 24 Juillet 1875. Cette cabane se trouve à une distance de six à sept heures du sommet. Le premier Italien qui a fait l'ascension du Mont Blanc de Courmayeur, fut M Felice Giordano le 5 Août 1864. (V. Ascensione del Monte Bianco del versante Italiano ed escursione nelle Alpi pennine).
Les **Grandes Jorasses**. On monte jusqu'à la *Cabane des Grandes Jorasses* (assez confortable) en 6 h. De là en 8 h. on arrive au sommet. Vue superbe. En 6 h. on peut redescendre à Courmayeur	20	4207		80			40	Le pic à Ouest fut atteint, la première fois en 1865, par E. Whymper accompagné des guides Christian Almer, Franz Biener et Michel Croz. — On suit le Glacier des Grandes Jorasses jusqu'au petit plateau et de là à la cime. La sommité, de quelques pieds plus élevée à l'Est nommée Pic Walker, fut escaladée la première fois en 1868 par M. H. Walker, accompagné des guides Anderegg, J. Jann et Julien Grange de Courmayeur. (V. Guide to the Western Alpes, by John Ball). Les Grandes Jorasses ont été montées plusieurs fois depuis par des membres du Club Alpin Italien et dernièrement en 1878 par M. Damiano Marinelli, de très regrettée mémoire, avec le guide Henry Séraphin.
L'aiguille de Péteret		3815		90			50	La première ascension de ce pic a été faite par Lord Wenworth le 5 Août 1877, en compagnie des deux guides Emile Rey de la Saxe et J. B. Bich de Valtournanche. Quittant l'*Hôtel de l'Ange* a 12 h. 30 m. le soir du 4 Août, ils escaladérent les rochers du *Fauteuil des Allemands* et arrivés à un petit plateau, ils se dirigérent à droite par quelques pen-

Excursions, passages **Ascensions** Indication de la course	Combien dure la course en heures	Hauteur en mètres	Tarifs — Guides: allée ou retour	Tarifs — Guides: allée et retour	Tarifs — Guides avec mulet: allée ou retour	Tarifs — Guides avec mulet: allée et retour	Porteurs	Observations et Indications
								tes de neige et ensuite ils grimpérent par un *couloir* en ligne directe vers la cime la plus élevée en passant devant une grotte qu'ils nommérent la *Balme des chamois*. De là, ils eurent beaucoup de peine à continuer leur route ; enfin ils purent traverser un passage périlleux appelé le *mauvais pas*. Vers midi ils arrivérent à l'arête qui divise le *Fauteuil des Allemands* du *Glacier de la Brenva;* de ce point ils prirent de nouveau à gauche et arrivérent à une éspece d'épaule, qu'ils nommérent la *Neige de l'Epaule;* passant sur sa crête, ils se hissérent par un couloir profond, appelé par eux le passage du *Grand Gouffre,* et puis, se dirigeant à droite, ils atteignirent le sommet le plus élevé à 2 heures de l'après midi. Lord Wentworth baptisa ce pic l'*Aiguille de la Yola* en bonneur d'une dame niçoise. Magnifique vue du M. Blanc, des glaciers de Brenva, Fresnay et du Brouillard. En descendant, ils couchérent, à un endroit, à trois quart d'heure de la *Balme des Chamois,* qu'ils nommérent le *Reposoir* (3000 mètres au dessus de la mer) et le lendemain ils arrivérent à Courmayeur à neuf heures du matin (V. *Bollettino del Club Alpino Italiano* N. 33).
La Dent du Géant.	4013							Ce pic était, derniérement, encore *vierge*. M. M. Joseph Frassy, le Marquis E. del Carretto, Lord Wentworth et d'autres en tentérent plusiers fois l'ascension. On n'avait pu arriver jusqu'a présent que sur un petit plateau à 80 mètres environ du sommet. Le 13 Août 1877. Mr. l'Avocat De Filippi de Turin essaya avec l'aide de quelques guides de Courmayeur, de jeter, de ce petit plateau, une fusée à laquelle était attaché une corde, au moyen d'un appareil inventé par le Ch. Bertinetti ; mais cette tentative ne réussit pas a cause des courants d' ir (V. Bollettino del Club Alpino Italiano N. 33). J. J. Maquignaz avec son fils Baptiste et son neveu Daniel a guidé M. M. Alessandro, Corradino, Alfonso et Gaudenzio Sella du C. A. I.

Excursions, passages **Ascensions** Indication de la course	Combien dure la course en heures	Hauteur en mètres	Tarifs — Guides — allée ou retour	Tarifs — Guides — allée et retour	Tarifs — Guides avec mulet — allée ou retour	Tarifs — Guides avec mulet — allée et retour	Porteurs	Observations et Indications
								Section de Biella à la victoire et le 29 Juillet 1882 le drapeau italien se deployait au vent sur ce redontable sommet.
Le Dôme de Rochefort								Réussi du côté de Chamounix en 1881 par un anglais avec le guide Michel Payot. Le côté italien est encore vierge. Avis aux touristes !
Aiguille de Rochefort	20							Il faut passer la nuit le plus haut possible sous les rochers du *Mont de Rochefort*. De là, en partant de bonne heure, on peut être au sommet à midi (pas des difficultés sérieuses). On descend par la même route (assez dangerense selon les conditions de la montagne) et en 6 h. on peut être à Courmayeur.
Aiguille du Midi (Si on descend à Chamounix, le tarif est de 70 fr. pour le guide et de 40 pour le porteur)				50			30	Même route que pour le Col de l'*Aiguille du Midi* (voir). En 3 h. depuis là on est au sommet. On domine magnifiquement le versant français (Cabane en mauvais état). Descente sur *Chamounix* pour réjoindre la route du *Col du Géant* et aller à Chamounix par la Mer-de-glace ou rétourner à Courmayeur (8 h. pour le retour du côté italien).

VIII.

EXCURSIONS ET ASCENSIONS

DEPUIS

PRÉ ST. DIDIER

(1000 m.)

dans la VALLÉE DE LA THUILE (Petit St-Bernard)

Pré St. Didier — Etablissement d'eau minérale fort renommée et déjà connue des Romains, tenu par les fréres Perrod. Grande cascade. — **Hôtel de la Poste** (M. Leaval), **de la Rose** (fréres Orset), **de Londres** (trés propre), prix moderés. — Station pour l'ascension du **Crammont** (voir page 124). Une compagnie des Guides y a été organisée sous les auspices du Club Alpin Italien, Section d'Aoste. (V. Réglement et Tarif).

Excursions, passages **Ascensions** Indication de la course	Combien dure la course en heures	Hauteur en mètres	Tarifs — Guides: allée ou retour	Tarifs — Guides: allée et retour	Tarifs — Guides avec mulet: allée ou retour	Tarifs — Guides avec mulet: allée et retour	Porteurs	Observations et Indications
La Thuile *(Hôtel du Ruitor)*	14			40			25	(En voiture 2 h. De Morgex on peut aller à la Thuile par la forête d'Arpy et le camp du prince Thomas.
Glacier, Col et Pointe du Ruitor, avec descente à Valgrisance on au Petit St-Bernard. (Voir *Il Lago del Ruitor*, ricerche storico-scientifiche di M. Baretti). Le 16 Juillet 1882, on a fait, sous l'initiative de la Section d'Aoste du C. A. I., l'inauguration solennelle des Ponts, Sentiers et Terrasses aux cascades du Ruitor. De la Thuile on peut faire plusieures courses alpines au Petit St-Bernard (hòspice appartenant à l'Ordre des SS. Maurice et Lazare), au *Traversel* et à la pointe de *Lance-Branlette* (vue magnifique) et au *Col du Mont*, endroits qui rappellent beaucoup de souvenirs historiques remontants aux années de la Terreur en France (1793-94). Voir *La Terreur sur les Alpes*, par l'abbé F. Fenoil. Florence, 1874. Mr. Fenoil dans son ou-								Depuis la Thuile à la sommité du glacier ou sur la *Tête du Ruitor* nommée aussi *Grand Loydon* (signal) en 7 h. On retourne à la *Thuile* en 4 h. et on peut se porter à l'hospice du Petit St-Bernard en passant aux pieds du *Grande Assaly* en 7 h. En montant, on peut faire l'ascension du *Flambeaux ou Vedettes* (m.) qui sort au milieu du glacier dans 1 h. Le *Glacier du Ruitor*, un des plus beaux des Alpes, on le traverse en 3 h. En montant aux pieds du glacier, on trouve le *Lac du Ruitor*. On peut descendre à Valgrisanche par le *glacier du Château Blanc* en 4 h. **Tarif.** — Pour la montée au Col, à la Pointe et la descente à Valgrisanche (pour logement et nourriture s'adresser à Mr. le Curé) 40 fr. le guide et 25 fr. le porteur. Si on descend à l'hospice du Petit St-Bernard le tarif est le même. Du Ruitor on peut descendre à Ste. Foi en réjoignant la Vallée qui déscend du *Col du Mont* au village de *Miroir*. Passage peu connu.

EXCURSIONS, PASSAGES **Ascensions** INDICATION DE LA COURSE	Combien dure la course en heures	Hauteur en mètres	Tarifs — Guides: allée ou retour	Tarifs — Guides: allée et retour	Tarifs — Guides avec mulet: allée ou retour	Tarifs — Guides avec mulet: allée et retour	PORTEURS	OBSERVATIONS ET INDICATIONS
vrage ecrit: « Je m'étonne que ce charmant village soit sipeu connu des touristes. Son climat est mitigé, on peut y arriver par une route accessible aux voitures, on est tout près des Stations des eaux thermales de Pré St. Didier et des bains et des eaux de Courmayeur... « Les promenades agréables et les excursions aventureuses s'offrent aussi en abondance dans cette petite vallée. Le *camp du prince Thomas*, le *Petit St-Bernard*, le *lac*, les *cascades* et le *glacier du Ruitor*, le *M. Favre*, le *Crammont*, etc. »								

TABLES PRATIQUES

BAROMÈTRES ANÉROÏDES

(Table pratique dressée par M. Giordano)

Graduation barométrique		Air à 10° Différence de niveau par millimètre	Air à 10° Hauteur sur le niveau de la mer dans les temps normaux	Air à 20° Différence de niveau par chaque mm.	Air à 20° Hauteur sur le niveau de la mer dans les temps normaux	Air à 30° Différence de niveau par chaque mm.	Air à 30° Hauteur sur le niveau de la mer dans les temps normaux
mm.		m.	m.	m.	m.	m.	m.
780			— 216		— 224		— 231
	—	10,60		11,20		11,55	
760			0		0		0
	—	11,20		11,55		11,95	
740			224		231		239
	—	11,55		12,00		12,40	
720			455		471		487
	—	12,00		12,40		12,80	
700			695		719		743
	—	12,45		12,85		13,20	
680			944		976		1007
	—	12,85		13,25		13,70	
660			1201		1241		1281
	—	13,35		13,75		14,15	
640			1468		1516		1564
	—	13,80		14,20		14,60	
620			1744		1800		1856
	—	14,30		14,70		15,10	
600			2030		2094		2158
	—	14,75		15,25		15,60	
580			2325		2399		2470
	—	15,35		15,60		15,05	
560			2632		2711		2761
	—	15,75		16,20		16,55	
540			2947		3035		3122
	—	16,30		16,65		17,00	
520			3273		3368		3462
	—	16,80		17,20		17,45	
500			3609		3712		3811
	—	17,30		17,55		17,95	
480			3955		4063		4170
	—	17,80		18,10		18,35	
460			4311		4425		4537
	—	18,10		18,55		18,70	
440			4675		4796		4911
	—	18,50		18,80		19,05	
420			5068		5172		5292
	—	19,10		19,20		19,35	
400			5630		5556		5679

Exemples :

Station inférieure = 740^{mm}	Température de l'air
" supérieure = 720	10° centigrades
——	Hauteur par millimètre
Différence = 20	= $11^{m},55$

Différence de niveau = 20 × $11^{m},55$ = 231 mètres.

Station inférieure = 740^{mm}	Hauteur par millimètre
" supérieure = 680	= 12 mètres
——	(moyenne arithmetique
Différence = 60	

Différence de niveau = 60 × 12^{m} = 720^{m}.

RAPPORTS entre les pouces anglais et les millimètres dans les échelles barométriques (*Ann. Bur. Long.*)

BAROMÈTRE			BAROMÈTRE			BAROMÈTRE		
ANGLAIS		MÉTRIQUE	ANGLAIS		MÉTRIQUE	ANGLAIS		MÉTRIQUE
pouc.	dix.	mm.	pouc.	dix.	mm.	pouc.	dix.	pouc. dix.
24	0	609, 59	27	4	695, 95	26	0	705, 82
	1	612, 13		5	698, 49		1	706, 07
	2	614, 67		6	701, 03		2	708, 33
	3	617, 21		7	703, 57		3	710, 59
	4	619, 75		8	706, 11		4	712, 84
	5	622, 29		9	708, 65		5	715, 10
	6	624, 83	28	0	711, 19		6	717, 36
	7	627, 37		1	713, 73		7	719, 61
	8	629, 91		2	716, 27		8	721, 86
	9	632, 45		3	718, 81		9	724, 12
25	0	634, 99		4	721, 35		10	726, 38
	1	637, 53		5	723, 89		11	728, 63
	2	640, 07		6	726, 43	27	0	730, 89
	3	642, 61		7	728, 97		1	733, 15
	4	645, 15		8	731, 51		2	735, 40
	5	647, 69		9	734, 05		3	737, 66
	6	650, 23	29	0	736, 59		4	739, 91
	7	652, 77		1	739, 13		5	742, 17
	8	655, 31		2	741, 67		6	744, 42
	9	657, 85		3	744, 21		7	746, 68
26	0	660, 39		4	746, 75		8	748, 94
	1	662, 93		5	749, 29		9	751, 19
	2	665, 47		6	751, 83		10	753, 45
	3	668, 01		7	754, 37		11	755, 70
	4	670, 55		8	756, 91	28	0	757, 96
	5	673, 09		9	759, 45		1	760, 22
	6	675, 63	30	0	761, 99		2	762, 47
	7	678, 18		1	764, 53		3	764, 73
	8	680, 71		2	767, 07		4	766, 98
	9	683, 25		3	769, 61		5	769, 24
27	0	685, 79		4	772, 15		6	771, 49
	1	688, 33		5	774, 69		7	773, 75
	2	690, 87		6	777, 23		8	776, 01
	3	693, 41		7	779, 77		9	778, 26

COMPARAISON **des thermomètres Fahrenheit et centigrade** *(Ann. Bur. Long.)*

Fahren.	Centigrade	Fahrenh.	Centigrade	Fahrenh.	Centigrade
— 4°	— 20° 00	33°	0° 56	70°	21° 11
— 3	— 19, 44	34	1, 11	71	21, 67
— 2	— 18, 89	35	1, 67	72	22, 22
— 1	— 18, 33	36	2, 22	73	22, 78
0	— 17, 78	37	2, 78	74	23, 33
1	— 17, 22	38	3, 33	75	23, 89
2	— 16, 67	39	3, 89	76	24, 44
3	— 16, 11	40	4, 44	77	25, 00
4	— 15, 56	41	5, 00	78	25, 56
5	— 15, 00	42	5, 56	79	26, 11
6	— 14, 44	43	6, 11	80	26, 67
7	— 13, 89	44	6, 67	81	27, 22
8	— 13, 36	45	7, 22	82	27, 78
9	— 12, 78	46	7, 78	83	28, 33
10	— 12, 22	47	8, 33	84	28, 89
11	— 11, 67	48	8, 89	85	29, 44
12	— 11, 11	49	9, 44	86	30, 00
13	— 10, 56	50	10, 00	87	30, 56
14	— 10, 00	51	10, 56	88	31, 11
15	— 9, 44	52	11, 11	89	31, 67
16	— 8, 89	53	11, 67	90	32, 22
17	— 8, 33	54	12, 22	91	32, 78
18	— 7, 78	55	12, 78	92	33, 33
19	— 7, 22	56	13, 33	93	33, 89
20	— 6, 67	57	13, 89	94	34, 44
21	— 6, 11	58	14, 44	95	35, 00
22	— 5, 56	59	15, 00	96	35, 56
23	— 5, 00	60	15, 56	97	36, 11
24	— 4, 44	61	16, 11	98	36, 67
25	— 3, 80	62	16, 67	99	37, 22
26	— 3, 33	63	17, 22	100	37, 78
27	— 2, 78	64	17, 78	101	38, 33
28	— 2, 22	65	18, 33	102	38, 89
29	— 1, 67	66	18, 89	103	39, 44
30	— 1, 11	67	19, 44	104	40, 00
31	— 0, 56	68	20, 00	105	40, 56
32	0, 00	69	20, 56	106	41, 11

COMPARAISON des thermomètres **Réaumur** et centigrade *(Ann. Bur. Long.)*

Réaumur	Centigrade	Réaumur	Centigrade	Centigr.	Réaumur	Centigr.	Réaumur
0	0			0	0		
1	1, 25	36	45, 00	1	0, 8	36	28, 8
2	2, 50	37	46, 25	2	1, 6	37	29, 6
3	3, 75	38	47, 50	3	2, 4	38	30, 4
4	5, 00	39	48, 75	4	3, 2	39	31, 2
5	6, 25	40	50, 00	5	4, 0	40	32, 0
6	7, 50	41	51, 25	6	4, 8	41	32, 8
7	8, 75	42	52, 50	7	5, 6	42	33, 6
8	10, 00	43	53, 75	8	6, 4	43	34, 4
9	11, 25	44	55, 00	9	7, 2	44	35, 2
10	12, 50	45	56, 25	10	8, 0	45	36, 0
11	13, 75	46	57, 50	11	8, 8	46	36, 8
12	15, 00	47	58, 75	12	9, 6	47	37, 6
13	16, 25	48	60, 00	13	10, 4	48	38, 4
14	17, 50	49	61, 25	14	11, 2	49	39, 2
15	18, 75	50	62, 50	15	12, 0	50	40, 0
16	20, 00	51	63, 75	16	12, 8	51	40, 8
17	21, 25	52	65, 00	17	13, 6	52	41, 6
18	22, 50	53	66, 25	18	14, 4	53	42, 4
19	23, 75	54	67, 50	19	15, 2	54	43, 2
20	25, 00	55	68, 75	20	16, 0	55	44, 0
21	26, 25	56	70, 00	21	16, 8	56	44, 8
22	27, 50	57	71, 25	22	17, 6	57	45, 6
23	28, 75	58	72, 50	23	18, 4	58	46, 4
24	30, 00	59	73, 75	24	19, 2	59	47, 2
25	31, 25	60	75, 00	25	20, 0	60	48, 0
26	32, 50	62	77, 50	26	20, 8	61	48, 8
27	33, 75	64	80, 00	27	21, 6	62	49, 6
28	35, 00	66	82, 50	28	22, 4	63	50, 4
29	36, 25	68	85, 00	29	23, 2	64	51, 2
30	37, 50	70	87, 50	30	24, 0	65	52, 0
31	38, 75	72	90, 00	31	24, 8	70	56, 0
32	40, 00	74	92, 50	32	25, 6	75	60, 0
33	41, 25	76	95, 00	33	26, 4	80	64, 0
34	42, 50	78	97, 50	34	27, 2	90	72, 0
35	43, 75	80	100, 00	35	28, 0	100	80, 0

STATIONS MÉTÉOROLOGIQUES

de la correspondance italienne alpine-apennine

AU PREMIER JANVIER 1880

Comme terme de comparaison il est bien de connaître les altitudes des stations météorologiques italiennes qui forment partie de la correspondance météorologique alpine-apennine dirigée par Mr. P. F. Denza, directeur de l'Observatoire de Moncalieri.

STATIONS ALPINES

Alpes Carniques

Stations	Haut. m.
1. Asiago	995
2. Auronzo	871
3. Pontebba	557
4. Ampezzo	569
5. Belluno	414
6. Tolmezzo	331
7. Conegliano	79
8. Pordenone	31
9. Treviso	26
10. Oderzo	20
11. Rovigo	9

Rhétiques

Stations	Haut. m.
12. Stelvio (Obs. Secchi)	2543
13. Bormio (Bains)	1340
14. Vilminore	1013
15. Collio	929
16. Varese	862
17. Bergamo	382
18. Trento	280
19. Rovereto	198
20. Lodi	85
21. Riva (Lac Garda)	84

Lépontiennes

Stations	Haut. m.
22. Saint Gothard	2100
23. Simplon	2010
24. Levo	596
25. Domodossola	306
26. Ornavasso	225
27. Pallanza	218
28. Canobbio	210
29. Vigevano	115

Pennines

Stations	Haut. m.
30. Colle di Valdobbia	2548
31. Grand St. Bernard	2478
32. Oropa	1175
33. Valchiusella	1100
34. S. Giovanni (Sant.°)	1050
35. Graglia (Santuario)	841
36. Aosta	605
37. Châtillon	535
38. Varallo	465
39. Biella	434
40. Ivrea	289
41. Novara	181
42. Vercelli	150

Grjes *(Graie)*

Stations	Haut. m.
43. Petit St. Bernard	2160
44. Ceresole Reale	1620
45. Cogne	1545
46. Balme d'Ala	1454

Cottiennes

Stations	Haut. m.
47. Crissolo	1390
48. Casteldelfino	1310
49. Sagra di S. Michele	961
50. Susa	512
51. Saluzzo	426
52. Pinerolo	386
53. Cavour	317

Stations	Haut. m.
54. Chieri (Seminario)	289
55. Moncalieri	260

Maritimes

Stations	Haut. m.
56. Boves	608
57. Mondovi	556
58. Cuneo	554
59. Fossano	385
60. Bra	308
61. Casale	120
62. Alessandria	97
63. Porto Maurizio	63
64. San Remo	57
65. Savona	26

STATIONS APENNINES

Émilie

Stations	Haut. m.
66. Monte Penna	1340
67. Marola	717
68. Bedonia	548
69. Volpeglino	258
70. Piacenza	72
71. Reggio Emilia	71
72. Parma (Inst. Techn.)	66

Toscane

Stations	Haut. m.
73. Alvernia	1116
74. Lugliano	407
75. Massa Marittima	384
76. Fiesole	312
77. Arezzo	274
78. Prato	99
79. Pescia	81
80. Firenze (Oss. Xim.)	76
81. Pistoia	75
82. Empoli	45
83. Grosseto	51
84. Lucca	30

Ombrie, Marches et Latium

Stations	Haut. m.
85. Montecavo	966
86. Camerino	664
87. Perugia	520
88. Urbino	451
89. Mondragone	455
90. Velletri	380
91. Città di Castello	296

Abruzzes, Sannio *(Molise)*

Apulies

Stations	Haut. m.
92. Aquila	745
93. Vesuvio	637
94. Piedimonte d'Alife	379
95. Montecassino	527
96. Vasto	175
97. Foggia	87
98. Lecce	72
99. Aversa	65

Basilicate, Calabre

Stations	Haut. m.
100. Potenza	828
101. Catanzaro	290
102. Cosenza	256
103. Tropea	51
104. Gallipoli	28
105. Bova Marittima	24
106. Reggio Calabria	14
107. Cotrone	?

Sicile

Stations	Haut. m.
108. Caltanissetta	570
109. Modica	364
110. Riposto	14

Sardaigne

Stations	Haut. m.
111. Ingurtosu	250
112. Monteponi	200
113. Porto Vesme	10

PASSAGES DES ALPES.

	Mètres
Col du Géant (Mt. Blanc)	3362
" de St. Théodule	3327
" de Seigne	2532
" Ferret	2495
" du Gd. St. Bernard	2487
" de la Furka	2436
" du Stelvio	2290
" du petit St. Bernard	2157
" du Splügen	2117
Col de St. Gothard	2114
" du Mont Cenis	2082
" du Simplon	2003
La poste du Mont Cenis	1906
Le Col de Tende	1873
Col de Mont Genèvre	1849
La Tauer de Rastadt	1673
Passage du Brenner	1351

LIMITE INFÉRIEURE DES NEIGES PERPÉTUELLES

(HAUTEURS MOYENNES ET APPROXIMATIVES).

	Mètres
Latitude 0°	4800
" 20°	4600
Latitude 45°	2530
" 65°	1500

TABLE DE RÉDUCTION

des pieds anglais et autrichiens en mètres

			Mètres				Mètres
1	pied	anglais	0,305mm	3,937.08	pied	anglais	1200
3.28	"	"	1	4,265.17	"	"	1300
6.56	"	"	2	4,593.26	"	"	1400
9.84	"	"	3	4,921.35	"	"	1500
13.12	"	"	4	5,249.44	"	"	1600
16.14	"	"	5	5,577.53	"	"	1700
17.68	"	"	6	5,905.62	"	"	1800
22.96	"	"	7	6,233.71	"	"	1900
26.24	"	"	8	6,561.8	"	"	2000
29.52	"	"	9	6,889.89	"	"	2100
32.80	"	"	10	7,217 98	"	"	2200
65.61	"	"	20	7,546.07	"	"	2300
98.42	"	"	30	7,874.16	"	"	2400
131.23	"	"	40	8,202.25	"	"	2500
164.04	"	"	50	8,530.34	"	"	2600
176.85	"	"	60	8,858.43	"	"	2700
229.66	"	"	70	9,186.52	"	"	2800
262.47	"	"	80	9,514.61	"	"	2900
295.28	"	"	90	9,842.7	"	"	3000
328.09	"	"	100	10,170 79	"	"	3100
656.18	"	"	200	10,498.88	"	"	3200
984.27	"	"	300	10,826.97	"	"	3300
1,312.36	"	"	400	11,155.06	"	"	3400
1,640.45	"	"	500	11,483.15	"	"	3500
1,768.54	"	"	600	11,811.24	"	"	3600
2,296.65	"	"	700	12,139.33	"	"	3700
2,624.72	"	"	800	12,467.42	"	"	3800
2,952.81	"	"	900	12,795.51	"	"	3900
3,280.9	"	"	1000	13,123.6	"	"	4000
3,608.99	"	"	1100	13,451.69	"	"	4100

		Mètres			Mètres
13,779.78	pied anglais	4200	15,092.14	pied anglais	4600
14,107.87	" "	4300	15,420.23	" "	4700
14,435.96	" "	4400	15,748.32	" "	4800
14,764.05	" "	4500			

		Mètres			Mètres
1	pied autrichien	0,316	6	pied autrichien	1,896
2	" "	0,632	7	" "	2,212
3	" "	0,948	8	" "	2,528
4	" "	1,264	9	" "	2,844
5	" "	1,580	10	" "	3,160

Il sera facile, avec cette table, de trouver d'autres multiples. Les touristes peuvent surtout en avoir besoin en consultant les cartes de l'état major autrichien, qui sont encore les meilleures dans les parties de l' Italie centrale ou nôtre état major n'a pas fait les nouvelles levées.

POSTES ET TÉLÉGRAPHES

POSTES.

Intérieur (Italie).

Lettres simples, 20 cent. chaque 15 g.
» *recommandées,* 30 cent. tout compris (cinq cachets): elles peuvent contenir 30 francs.
» *chargées,* comme les recommandées plus 20 cent. chaque 100 francs ou fraction.
Manuscrits, 20 centimes pour 50 g. et ensuite 40 centimes chaque 500 g.
Imprimés, 2 cent. chaque journal ou chaque poids de 40 g.
Cartes postales, simples 10 cent.
» avec reponse 15 cent.
Mandats de poste: 20 cent. sur le premiers 20 francs; 40 cent. jusqu'à 40 francs; 60 cent. jusqu'à 60 fr.; 80 cent. jusqu'à 100 fr. Ensuite on ajoute 20 cent. de 50 en 50 fr. ou fraction.

Étranger.

UNION POSTALE (Europe, États-Unis du Nord).

Lettres simples, 25 cent. chaque 15 g.
» *recommandées,* comme à l'intérieur.
» *chargées* (jusqu'à 5000 fr.), un droit fixe et un droit proportionnel pour chaque 200 fr. ou fraction.
Cartes postales, comme à l'intérieur.
Mandats de poste. Le maximum des mandats de poste internationaux est de 250 fr. pour les États-Unis du Nord, et de 252 pour la Grande Bretagne et les Indes Orientales: pour les autres pays, le montant des mandats peut arriver à 500 fr. Pour les États-Unis le tarif est de 30 cent. chaque 25 fr. ou fraction; pour la Grande Bretagne et pour les Indes Orientales de 40 cent. chaque 25 fr. 20 cent., qui est le prix comparé de la livre sterling; pour les autres pays le tarif est de 50 cent. jusqu'à 50 fr.; ensuite on ajoute 25 cent. chaque 25 fr., ou fraction. Pour les mandats

internationaux on doit payer en or: on reçoit la monnaye d'argent pour les fractions de 20 fr. et la monnaye de bronze pour les fractions d'1 fr. Les droits, en papier-monnaye.

Echantillons, 10 cent. chaque 50 g. jusqu'à 100 g. et ensuite 5 cent. en plus chaque 50 g.

Papiers d'affaires, 25 cent. jusqu'à 250 g. et ensuite augmentation de 5 cent. chaque 50 g.

Imprimés, 5 cent. chaque 50 g.

TÉLÉGRAPHES.

Intérieur (Italie).

Dépêche simple, (15 mots) L. 1; chaque mot en plus 10 cent.

Dépêche d'urgence, (15 mots) 5 fr.; chaque mot en plus 50 centimes.

Mandat de poste télégrafique 1 fr. en plus des droits de poste.

Étranger.

L. 1 de droit fixe, plus *pour chaque mot:*

Algérie, 37 cent.
Autriche-Hongrie, de 6 à 22 cent., selon les localités.
Belgique, 26 cent.
Danemarck, 37 cent.
France, 20 cent.
Allemagne, 25 cent.
Gibraltar, 55 cent.
Grande Bretagne, 47 cent.
Grèce, 36 cent. augmentation jusqu'à 56 pour certaines localités.
Luxembourg, 28 cent.
Malte, 55 cent.
Norvège, 50 cent.
Pays-Bas, 31 cent.
Portugal, 40 cent.
Roumanie, 31 cent.
Russie d'Europe, 66 cent.
Espagne, 38 cent.
Suède, 44 cent.
Suisse, jusqu'à 100 km. des frontières italo-suisses, 6 c.; au-delà 14 cent.
Tunisie, 37 cent.
Turquie d'Europe, 40 cent.
» » d'Asie, 66 à 95 c.
New-York, 60 cent.

www.ingramcontent.com/pod-product-compliance
Lightning Source LLC
LaVergne TN
LVHW020353230826
846091LV00003B/1087